A baseball lover
looked around
all over
the United States

人に言いたくなる

アメリカと野球の「ちょっとイイ話」

向井万起男
Makio Mukai

講談社

まえがき

私は朝日新聞の夕刊でコラムの連載をしている。ほぼ週1回の連載を2007年4月から始めて、今も続けている。連載欄の総合タイトルは「大リーグが大好き!」。

大リーグに関連したコラムを書き続けているわけだが、その内容は大きく分けて3種類になる。①大リーグとモロに関連したこと。たとえば、大リーグの歴史。さらに、大リーガーが樹立した様々な記録についてなど。②大リーグおよび大リーガーを通して米国の歴史や文化について語ったもの。③大リーガーゆかりの地を私が訪ねた紀行文。


この本には、連載開始から2018年4月までの約11年間に掲載されたコラムのほぼ半分が収録されている。ということは、ほぼ半分は省かれている。

どのコラムを収録し、どのコラムを省くか。これを決めるに際しては、上述の②を優先するというのを基本方針としている。①と③から選んだコラムもあるが、どれもが②に相当する内容を含んでいる。

では。大リーグや大リーガーを通して米国の歴史や文化について語るなんてことがホントに可能なのか？　もし可能だとしても、それが何か面白いことや役に立つことを生み出したりするのか？　こうした問いかけに私は自信を持って〝イエス〟と即答する。私が米国という国の歴史や文化に興味を持つようになったキッカケが大リーグだから。もし8歳のときに大リーグに興味を持つということがなかったら、私の米国観は味気ないものになったに違いないから。……こうした私の実体験についても、この本に収録されたコラムで多少触れている。

私は自分の実体験に根ざした考えは正しいと思っているわけだが、それをきちんと人にも伝えることができているかは読者の方々の判断に委ねるしかない。

朝日新聞の夕刊でのコラム連載では松本行弘さんにズッとお世話になり続けている。この本を出版するに際しては、山中武史さんと加藤孝広さんにお世話になった。この場を借りて、お三方に感謝したい。

2018年5月　　　　向井万起男

人に言いたくなる アメリカと大リーグの「ちょっとイイ話」◉目次

私は渡米して大リーガーゆかりの田舎街を取材するために爆走ドライブ一人旅をしょっちゅうしている。田舎の空いた道路を時速100キロ以上で飛ばしながら眼前の風景を撮影することもしょっちゅう。……こういう危険運転はしちゃダメとわかっているのにツイやってしまう。

宿泊先の予約は一切せず、日が暮れそうになったら適当なモーテルを探して泊まる。この写真はどこかの田舎街の「SUPER8」というモーテルの前に立つ私をアメリカ人に撮ってもらったもの。……小汚い服で爆走ドライブをしている私だが、写真撮影用に見栄を張ってわざわざマシな(?)服に着替えている。

ブックデザイン：竹内雄二

プロローグ　ジョー・ブラックを、もう一度よろしく

これから私のコラムが始まる。大リーグについてのコラムだ。でも大リーグについての本や記事が巷《ちまた》に溢《あふ》れている今、私に書くことなんて大して残されていないだろう。で、大リーグを通して見た米国の歴史や文化についても書こうと思う。そうすれば、大リーグに興味のない人も読んでくれるかもしれないし。でも、そんな大それたことを私がホントにできるだろうか？　……不安だ。

そんな私だが、とりあえず米国映画『ジョー・ブラックをよろしく』（１９９８年）から始めることにしよう。

主演は、ひたすらかっこいいブラッド・ピット（通称・ブラピ）。ブラピの映画の中では最高傑作だし、私がこれまで観た米国映画のトップ30にも入る。そんな素晴らしい映画なのに、私の周囲には観てない人ばかりだ。

この映画はブラピの甘い恋愛映画として若い女性向けに宣伝されてきたんじゃないのか⁉　この映画のホントの良さがわかるのは、私みたいにトシいって人生に疲れた人たちなのに。……どんな内容の映画か知りたい人はＤＶＤで観てください。ここでは詳しく言

いませんので。

さて、ブラピ扮する主人公の名前はジョー・ブラック。この名前を聞いた野球通《つう》の中年男が粋《いき》な科白《せりふ》を言うシーンがある。「あぁ、ジョー・ブラックか。1952年、ブルックリン・ドジャースに君と同じ名前のジョー・ブラックという投手がいて15勝2敗だったんだよ」。ね、粋な科白ですよね。いかにも野球の本場、米国の野球通らしくて。

でも、この科白は間違っているんです。1952年、ブルックリン・ドジャースのジョー・ブラックは15勝2敗ではないんです。正しくは15勝4敗。……英語の科白が間違ってるもんだから、そのまんま訳している日本語の吹き替えも間違っているんです。

それにだ、ジョー・ブラックという大リーガーについて語るならもっと大事なことがある。1952年のワールドシリーズ初戦で勝利投手になったこと。これが、ワールドシリーズで黒人が勝利投手となった最初だから。

大リーグの歴史は人種差別抜きには語れない。大リーグはズッと黒人を閉め出していた。黒人にも門戸を開いたのは1947年になってから。1948年のワールドシリーズでは、サチェル・ペイジという伝説の黒人名投手を勝利投手にさせないためとしか思えない奇妙な投手起用も行われた。

野球通は粋なことを言っているようで実は間違っていたりするし、大事なことを言い忘れたりするのだ。私も間違えたり、大事なことを言わなかったりするかもしれない。……やっぱり不安だ。

右脚を失った男の故郷

2007年夏、私はテキサス州の小都市グリーンビルを訪れた。モンティ・ストラットンという大リーガーゆかりの地だ。ストラットンは野球界から引退後、1982年に70歳で逝《ゆ》くまでグリーンビルで暮らしていた。ストラットンはグリーンビル近郊の町、ワグナーの農場で生まれ育った。農場で働きながら地元の野球チームで投手として活躍していたところがスカウトの目にとまり、シカゴ・ホワイトソックスに入団。そして、アメリカン・リーグを代表する右腕投手となった。ところが1938年、26歳の若さで大リーグから引退することになる。シーズンオフに農場に戻っていたストラットンはウサギ狩りの最中に転び、猟銃で自分の右脚を撃ってしまったのだ。右脚は切断されることになる。失意のストラットンは夫人のエセルの励ましに助けられ、義足で猛練習を行い、マイナー・リーグで投手として見事にカムバックした。……こうしたストラットンの人生は映画にもなっている。『甦《よみがえ》る熱球』（1949年、ジェームズ・スチュワート主演）。

グリーンビルに到着した私は、まずは近郊の町、ワグナーに行ってみることにした。ストラットンが生まれ育った農場が残っているかもしれないと思って。

広い土地に農場と民家がポツンポツンと点在する田舎町だった。とりあえず車でグルッと廻ってみたが、ストラットンの農場がどこにあるのかわからない。で、農場と民家を一軒ずつ訪ねて訊いてみることにした。

〝私は東京から来た大リーグの熱狂的ファンです。モンティ・ストラットンが生まれ育った農場を探しているのですが、どこにあるのか御存知ありませんか？〟。

どの農場や民家にも私を警戒する様子はなく、快くドアを開けて私の質問に耳を傾けてくれた。でも、知っている人は誰もいなかった。だいたい、モンティ・ストラットンが何者であるかを知っている人すらいないのだ。それでも、〝そのモンティ・ストラットンという人物が生まれ育った農場を探すために日本からわざわざ来たなんて凄いじゃないか。何とか見つかるとイイね〟とほとんどの農場や民家で言ってくれた。そうそう、一軒の民家では家の中に招き入れてくれ、コーヒーとクッキーまでご馳走してくれた。そのお宅の御主人がかつて神戸の三菱重工業で仕事をしていたことがあり、日本を懐かしがってくれたのだ。で、小一時間ほど、御主人、奥さん、私の3人で世間話をすることになった。ストラットンとは何の関係もない世間話ばかりだったけど、とても楽しかった。……日本で仕事をしていたことがある人がこんなところにもいるなんて驚くと同時に嬉しかったのだ。

もうストラットンが生まれ育った農場はなくなってしまったのだろうと諦めてグリーンビルに戻った私は、ストラットンの記念品などを展示している博物館に行ってみることにした。日本を発つ前から、そういう博物館があることを調べておいたので。

ストラットン専用の博物館ではなかった。グリーンビルの歴史やグリーンビルゆかりの有名人について網羅的に展示した博物館だった。入り口前の広場にはバカでかい銅像が立っていた。オーディ・マーフィーの銅像。……第二次世界大戦で数々の勲章を受章し、英雄となったマーフィー。戦後は映画俳優となり、ハリウッド映画に何本も出演してスターとなった。マーフィーもグリーンビル近郊の町で生まれ育ち、グリーンビルで暮らしていたことがあるようだ。ちなみに博物館の入り口前の広場に立っている銅像は、軍服姿のマーフィーが銃を抱えている姿。こういうものが入り口前の広場に立っていると、軍関連の博物館と勘違いしてしまいそうだ。

博物館の中に入ってみると、やっぱりオーディ・マーフィーの展示コーナーが目立つ。でも、狭いながらもストラットンの展示コーナーもあった。そこにはストラットンの写真、ユニホーム、グラブなどが置かれている。

私が熱心に見ていると、職員の男性が声をかけてきた。70代後半といった感じの老人

博物館の前に立つマーフィーの銅像

ストラットンの展示コーナーで

だ。〝君はストラットンに興味があるようだね〟〝ええ。『甦る熱球』を観て以来、いつかグリーンビルに来てみようと思っていたんです。ストラットンってハンサムだったんですね。映画のジェームズ・スチュワートよりハンサムなくらいですよ〟〝奥さんのエセルも美人ですね。4ヵ月前に亡くなったんだ〟〝エッ、4ヵ月前まで生きていたんですか！　私は来るのが遅かったんですね。もっと前に来ていたら、エセルに会えたかもしれないのに〟〝いや、人生に遅すぎることなんてない。君は来たじゃないか。それでイイんだよ〟。

たしかに、人生に遅すぎることはない。さらに言うなら、どんなことがあっても人生を諦めてはいけない。右脚を失っても人生を放り投げなかったモンティ・ストラットンのように。

デレク・ジーターの立場

ニューヨーク・ヤンキースの主将、デレク・ジーター遊撃手。米国で最も有名で最も人気がある現役大リーガーだ。少なくとも、ニューヨークの人たちはそう思っている。そうしたジーターの立場を物語るイイ例がある。

2001年9月11日（火）の同時多発テロを実話に基づいて映画化したという『ワール

ド・トレード・センター』（2006年、オリバー・ストーン監督、ニコラス・ケイジ主演）。この映画は、まだ異変の起こっていない9月11日早朝のニューヨークの様子から始まる。そして映画の中で最初に交わされる会話らしい会話は、通勤電車内の2人の男のものだ。〝土曜日にジーターが打ったホームラン見たか？　ヤツは凄いスイングをしてくれたよな〟〝あぁ、ナマで見たよ〟。

ニューヨークで交わされる会話の代表といえばジーターのことなのだ。

さて。ジーターの打順は2番のことが多い。そして、背番号も2だ。これには重大な意味がある。ヤンキースの選手が背番号をつけるようになったのは1929年だが、その時の背番号の付け方が実に微笑《ほほえ》ましい。ナント、打順通りに付けたのだ。ベーブ・ルースは打順が3番だから背番号3、ルー・ゲーリッグは打順が4番だから背番号4といった具合。そして、この偉大な2人の背番号はヤンキースの永久欠番となった。その後、ヤンキースの背番号は打順とは無関係になった。でも、一桁の数字で永久欠番になっていないのは2と6だけだ。で、打順が2番で背番号が2のジーターは、ヤンキースの背番号の歴史を考えると永久欠番になるくらいの活躍をしないとマズイ。

ジーターは有名で人気があるだけではなく、活躍もしている。新人王やゴールドグラブ賞（各守備位置で最も守備の巧《うま》い選手に与えられる賞）など受賞歴も豊富だ。でも、超一流の証《あか》しと誰もが認める首位打者、本塁打王、打点王、ＭＶＰ（最優秀選手賞）には一度もなったことがない。で、ジーターのことを〝最も過大評価されている選手〟と言う人もけっこういる。そうしたジーターの立場を物語るイイ例がある。『ワールド・トレード・センター』の通勤電車内の2人の男の会話だ。

同時多発テロ直前の土曜日（2001年9月8日）、ジーターはホームランを打っていない。それどころか、試合に出場すらしていない。ジーターは9月4日を最後に欠場していたのだ。ジーターのホームランをヤンキー・スタジアムでナマで見たというのなら、それは8月18日（土）のはずだ。9月11日に話題にすることか？

ブロンクス動物園にまつわる話

ブロンクス動物園（the Bronx Zoo）。ニューヨークのブロンクスにある世界有数の動物園だ。ここの理事になればニューヨークで凄いステータスを手に入れたことになるらしい。……米国映画『ウォール街』（1987年）には、金融界でのしあがるために汚いこともやってきた男が登場する。その男が言う。〝ブロンクス動物園の理事になるために100万ドル使った〟。上流社会の仲間入りをしたいからだ。

ブロンクスにはヤンキー・スタジアムもある。ここの外野席には妙に騒がしいエリアがある。ニューヨーク・ヤンキースの熱狂的ファンのオジサンやオニイサンがチケット代の安い席に陣取り、猛獣のように大声でわめきながら応援しているのだ。で、このエリアは「ブロンクス動物園」(the Bronx Zoo) と呼ばれている。

さて、2007年のヤンキースは首位からヤケに差をつけられていた。でも、諦めずに1978年の再来を願っているファンもいたようだ。

1978年のヤンキースは7月18日の時点で首位から14ゲーム差をつけられていたのに、グングン追い上げて結局は優勝してしまった。この年のヤンキースの内幕をリリーフ投手のスパーキー・ライルがすっぱ抜いた本がある。タイトルは『The Bronx Zoo』(邦訳は『ロッカールーム ヤンキースのけんか野球日記』、1980年、講談社、訳・後藤新弥)。

とにかく凄い。監督も選手もすっかり猛獣になりきっているので、しょっちゅう喧嘩はするわ、罵《のの》り合うわ。こういう男たちは追い込まれた土壇場になると強い。でも14ゲーム差を追いかけて優勝までできたのは、猛獣たちの中に百獣の王がいたからだ。周囲が何を騒ごうが一人超然としている若者、左腕投手のロン・ギドリー。この年、ロン・ギドリーは25勝3敗でサイ・ヤング賞(最優秀投手賞)を獲得することになる。……毒舌家のスパーキー・ライルも後輩のロン・ギドリーのことはベタ褒めしている。〝こんなヤツは初めて見た〟〝若いくせに、しっかりしたヤツなのだ〟。

ところで。2007年、ヤンキースのベンチではトーリ監督の横にいつも口髭《くちひげ》の男がいた。ピッチングコーチになったロン・ギドリーだ。百獣の王もトシをとった。悲しげな眼をしている。〝今のヤンキースには昔の自分のような百獣の王がいない〟と嘆いているとしか思えない眼だ。

理科の先生が大リーガー

ジム・モリスは、テキサス州のビッグレイクという田舎町の高校の理科の先生だった。野球部のコーチも務めていた。部員は野球が下手くそな高校生ばかりだったが、モリスの優れた才能と指導で地区優勝を果たす。

モリスの才能に感心した部員たちは35歳のモリスに大リーグの入団テストを受けることを勧める。〝先生なら大リーガーになれるはずだから〟と。教え子たちに勧められるまま入団テストを受けたモリスは、ナント、見事に合格。1999年のことだ。モリスの大リーグ生活は2シーズンで終わったが、全米の感動を呼んだ。……こうした経緯は、モリスの自伝『オールド・ルーキー 先生は大リーガーになった』（2001年、文藝春秋、訳・松本剛史）に詳しい。

2007年5月、所用で渡米していた私はビッグレイクを訪ねてみた。長時間ドライブして、到着したのは夜。すぐにガソリンスタンドでマスタング・モーテルの場所を教えてもらった。

モリスの自伝には、ビッグレイクが大騒ぎになった1993年の出来事が書かれている。ハリウッドのスター、メグ・ライアンとデニス・クエイドが映画の撮影のためにビッグレイクにやって来てマスタング・モーテルに数週間滞在したというのだ。そして凄い因縁なのだが、後年、モリスの人生を描いた映画『オールド・ルーキー』(2002年)でモリスに扮したのはデニス・クエイド。となれば、私はマスタング・モーテルに泊まるしかないだろう。

マスタング・モーテルに着いた私はビックリ。ヤケに小さくてお粗末なモーテルなのだ。ハリウッドのスターが数週間も泊まったなんてホントか? でも、私はニコニコしながらカウンターのオバサンに話しかけた。〝ハロー! オレは日本から……〟。ビッグレイクに来たワケとこのモーテルを選んだワケを言うと、オバサンはメチャクチャ喜んで〝ワタシ、ここで4年働いてるけど、日本人が泊まるのは初めてよ〟と言いながら私の後ろの壁を指さした。メグ・ライアンとデニス・クエイドの写真が貼ってあるではないか。へえ、ホントに泊まったんだ。

モーテルの部屋の中もヤケに小さくてお粗末だった。長いドライブでヘレヘレに疲れていた私は熟睡できたからイイけど。熟睡できれば、どこで寝ようが同じだ。ハリウッドのスターも私も同じだ。でも、シャワーの湯がまともに出ないのはたまんない。

翌朝。私はオバサンから件《くだん》の高校への道順を教えてもらい、車を走らせた。熟睡して体調も良かったから鼻唄交じりだ。……その高校では、思いもよらぬことが私を待ち受けていたのに。


レーガン・カウンティ・ハイスクール（Reagan County High School）。私は駐車場に車を置き、校舎に向かって歩いて行った。もう授業が始まっているらしい。ヤケに静かだ。

アポイントなしの突撃訪問なのに、高校側が優しく対応してくれたので恐縮してしまった。

オフィスに通された私は、椅子に腰掛けた。大きなデスクの向こうの教師と相対するようにして。知的な鋭い目をした長身の男性教師だ。私は手にしていたモリスの自伝を掲げて見せ、モリスを描いた映画も観ていると伝えた。〝あなたはモリスに興味を持っているのですね〟〝ええ。でも皆さんの邪魔はしたくないので、地区優勝を果たした野球部員とモリスが写った写真や優勝トロフィーでも見せて貰ったらすぐに帰りますから〟〝ここには写真もトロフィーもないんですよ〟〝……何も？〟〝ええ。あれは何年も前のことですか

スター俳優の写真が貼ってあるロビーで

質素な正門。「A」の字が落ちたまま

ら。モリスもあの時の生徒達もここにはいませんし〃。私は椅子の上で座り直した。２人は黙っていた。

沈黙を破ったのは私だ。

〃この高校は映画で有名になったから、マスコミが大挙してやって来たでしょうね〃〃ええ。でも、映画の宣伝だけが目的のようでしたね〃。私は思わず笑った。

教師が続けた。〃モリスは大リーガーにならなくても、この高校を去っていたんです。モリスは３年間有効の臨時教員の資格しか持っていませんでしたから〃。それは私も知っている。モリスが自伝に正直に書いているからだ。でも臨時教員の資格をモリスは苦学の末に手に入れたのだし、正規の資格を得ようとも考えていたではないか。そういうモリスに対して、そんな言い方はないだろう。私は教師の目を見た。澄んだ目だ。教師は変な思惑などなしに、事実を淡々と語っているだけだった。私は思い切って訊《たず》ねてみた。〃モリスはこの高校の誇りではないんですか？〃〃違います。あれはもう何年も前のことですから〃。

教師は校舎の中も案内してくれた。清潔だが質素な教室ばかりが並んでいた。廊下を歩きながら、私は教師に訊ねた。〃この町の人口はどのくらいなんですか？〃〃２７００人ほどです〃。

小さな田舎町の質素な高校。私はその教師が正しいと思った。過去の栄光が今の若者の人生を拓《ひら》いてくれるとは限らない。静かな環境で静かに勉強するのが一番だろう。

長距離電話のかけ方が変わった

米国の作家マイケル・ルイスが書いた『Moneyball』（邦訳は『マネー・ボール　奇跡のチームをつくった男』、２００４年、ランダムハウス講談社、訳・中山宥）。素晴らしい本だ。読み応えがあって、面白くて。

オークランド・アスレチックスは貧乏な大リーグ球団なのに、金持ち球団にヒケをとらない成績を残してきた。どうしてそんなことができたのかを見事にリポートしたのが、この本。

金持ち球団は大勢の大物選手を高い年俸で雇えるから強くなれる。でも、貧乏球団にはそんなことはできない。で、アスレチックスは他の球団なら見向きもしない選手を雇うことにした。そういう選手は安い年俸で雇えるから。ここで重要なことは、他の球団なら見向きもしない選手も視点を変えると優秀かもしれないということ。つまり、アスレチックスは他の球団とは違う基準で選手を選んだのだ。たとえば、打率が低く本塁打も少ない選手でもヤケに四球で出塁することが多ければ優秀という基準。四球でもとにかく塁に出れば点が入る確率が高くなるから。

この本は、野球ファンではない人にとっても一読の価値がある。人が他人の能力を正しく評価することの難しさが伝わってくるからだ。ヒシヒシと、切なくなるほどに。

でも、この本には一つだけ問題があると私は思っている。タイトルだ。野球では金を如何《いか》に使うかが問題ということで『Moneyball』というタイトルにしたのだろうが、米国には〝money ball〟というスラングがあるのだ。意味は〝本塁打〟。で、このタイトルでは本の主旨・内容に全然そぐわないように私には思える。まるっきり逆の意味のタイトルをつけているとさえ思えてしまう。

ではここで、〝本塁打〟を意味する米国のスラングをもう一つ紹介しておこう。〝dial 8〟(ダイヤル8番)。

米国のホテルやモーテルでは、部屋から長距離電話をかけるときは最初に8番をダイヤルするようになっているところが多い。で、本塁打はボールが長距離を飛ぶので〝ダイヤル8番〟というわけだ。でも最近は、このスラングが通用しなくなっている。米国のホテルやモーテルでは長距離電話をかけるときは最初に9番をダイヤルするところが多くなってしまっているから。……この変化って、昔のように自力で本塁打を打たずにステロイド使用で本塁打を打つヤツが増えたのと同じみたいだ。冗談ではなくホントに。

ゲーリッグの語り継がれる名言

ルー・ゲーリッグ。2130試合連続出場という素晴らしい記録を残し、1941年に逝った大リーガーだ。この記録は、1995年にカル・リプケン・ジュニアが破るまで大リーグ記録だった。

ゲーリッグは頑丈な体をしていたわけだ。その頑丈なゲーリッグが、こともあろうに、全身の筋肉が衰えていく筋萎縮性側索硬化症という難病に罹患するという不運にみまわれる（ちなみに、この病気は米国ではルー・ゲーリッグ病と呼ばれるようになる）。この病気のために連続試合出場は止まり、引退に追い込まれる。そして1939年7月4日、ヤンキー・スタジアムで盛大に行われた引退セレモニーで感極まったゲーリッグは永遠に語り継がれる名言を残した。〝きょう、私は自分のことをこの地球上で一番幸運な男だと思っています〟(Today, I consider myself the luckiest man on the face of the earth)。

ゲーリッグの有名な伝記映画『打撃王』（原題は『The Pride of the Yankees』、1942年）でも、ゲーリッグに扮した名優ゲーリー・クーパーが引退セレモニーのシーンでこの名言を吐く。

ところで、私は米国の映画界には頭に来ている。まず、『めぐり逢えたら』（1993年）という映画。メグ・ライアン扮する可愛らしい女性が婚約者の男性を家族に紹介するシーン。婚約者は女性の家族の前でゲーリッグを真似て、あの名言を吐く。たしかに婚約者の言葉としては最適かもしれない。でも、その後が問題。婚約者の言葉を聞いた女性と家族が喜んで言い合うのだ。〝わぁ、『打撃王』のゲーリッグの科白だ〟。ふざけんじゃねぇ！　この名言は『打撃王』のために考え出された作り物の科白なんかじゃねぇんだよ。本物のゲーリッグがホントに言ったんだってば。現実より映画が大事なのか⁉

もっと大がかりでヒドイのもある。2005年、米国映画協会が米国映画の名科白ベスト100を選んでいるのだが、その中にゲーリッグの名言を入れてやがんの。『打撃王』の名科白とか言っちゃって。くどいようだけど、ゲーリッグは映画の科白のために名言を残したわけじゃないんだって。

皆さんにお願いがあります。ゲーリッグの名言を英語で憶えておいて、何か嬉しいことがあったら米国人の前で言ってやって。そして米国人が〝あら、日本人なのに『打撃王』の科白を知ってんのね〟なんて言いやがったら、思いっ切り叱ってやって。

強盗犯を預かった人物

『ブレイクアウト　刑務所から大リーグへ』（１９７８年、講談社、訳・稲葉明雄）。ロン・ルフロアという男の自伝だ。

この自伝によると、ルフロアはデトロイトの黒人スラム街で生まれ育った極めつきの不良少年だった。学校にはロクに通いもしない。喧嘩とタカリと盗みに明け暮れる日々を送っていたが、19歳で遂に刑務所へ送られることになる。ライフルを持ってバーに強盗に入り捕まったのだ。ところが、ルフロアは刑務所で初めて本格的に野球に取り組み、才能を一気に開花させる。仮釈放となった１９７３年に23歳でマイナー・リーグの球団に入り、1年後には大リーグ球団のデトロイト・タイガースに昇格。１９７６年にはオールスターゲームに出場して一流選手の仲間入りまで果たす。

自伝はここで終わるが、その後もルフロアは大リーグで活躍した。9年間の大リーグ生活で盗塁王2回、得点王1回という立派な記録を残している。

さて。ルフロアが野球界でトントン拍子にいったのは、最初に入団したマイナー・リーグの球団にうまく溶け込めたことが大きい。更生したルフロアのあけっぴろげな性格にもよるが、監督を務めていた男の存在も見逃せない。ルフロアの自伝はこの男についてチョットしか触れていないが、ルフロアに対するこの男の実に温かい視線が感じられるのだ。

この男は、大リーガーになる夢を諦めてマイナー・リーグの監督になった人物だった。そして23歳のルフロアを預かったとき、まだ28歳という若さだった。……ルフロアと出会ったとき、この男は不公平な神を呪わなかったのだろうか？　強盗犯なのに才能に恵まれたルフロア、真面目に野球に取り組んできたのに才能に恵まれなかった自分。それとも、28歳という若さでありながらそんな呪いとは無縁の境地に達していたのだろうか？

この男はのちに大リーグ球団のコーチになり、１９８６年には大リーグ球団の監督にまで上りつめた。この男の名は、ジム・リーランド。２００７年はデトロイト・タイガースの監督だった。

２００７年、62歳のリーランドはオールスターゲームでアメリカン・リーグの監督も務めた。リーランドがオールスターゲームで監督を務めるのは、これが2回目。……ルフロアがオールスターゲームに出場したのは1回。

２００７年の大リーグで私が人生について考えさせられた一番の出来事、それはオールスターゲームだった。

ブルックリン橋から飛び降りて

ニューヨークのブルックリン橋。イースト川を跨《また》いでマンハッタンとブルックリンを結ぶ有名な吊り橋だ。建設に10年以上もかけ、完成したのは１８８３年。今でもニューヨークの象徴として観光名所になっている。このブルックリン橋が重要な鍵となる米国映画がある。『ニューヨークの恋人』（２００１年）。

この映画は、ブルックリン橋から飛び降りると時空の裂け目を通して１８７６年のニューヨークに行くことができるという設定になっている。逆に１８７６年から現代のニューヨークに来ることもできる。もちろん１８７６年にブルックリン橋から飛び降りて。ただし、まだ建設途中のブルックリン橋からだ（完成は１８８３年だから）。

さて。高貴な男性が１８７６年から現代にやってきて、現代女性と恋に落ちる。色々あった末に男性は１８７６年に戻ることになるが、女性も男性を追いかけてブルックリン橋から飛び降りて１８７６年を目指す。二人はめでたく結ばれハッピーエンドだ。

さて、この映画の脚本を担当した人は重要な歴史的事実を知らないようだ。馬車が行き来する１８７６年当時のニューヨークの様子が出てくるが、野球のことは全然出てこないのだ。1876年は大リーグにとって重要な年なのに。この年に今のナショナル・リーグが始まったのだ。その時、ニューヨークにもナショナル・リーグに所属する球団があったのに。で、1876年という設定にしたのなら少しは大リーグのことを描いてくれなくっちゃ。今の私が脚本を担当したら、少しどころかストーリーを丸ごと変えちゃうけど。うん？　1876年当時のニューヨークの球団をブルックリン橋から飛び降りさせて現代の大リーグ球団と戦わせる？　それって、誰でも思い付く安易なストーリーですよ。私が考えてるのは全然違います。重要な事実をもう一つ私は知ってるから。

1876年、ニューヨークのブルックリンにウィリアム・ヘンリー・キーラーという名の4歳の少年がいた。2008年のイチローが挑んでいた8年連続200本安打という大リーグ記録を1901年に達成することになるウィリー・キーラーだ。

で、私のストーリーはこうだ。ブルックリン橋から飛び降りて現代にやって来たキーラー少年は、8年連続200本安打に挑むイチローの姿に感動し、ふたたび1876年に戻って野球に打ち込む。そして、大人になってから8年連続200本安打に挑み、見事に達成する。……ね、けっこうイイでしょ？　そうでもない？

ホーンスビー・ベンド巡礼

英語に「ピルグリメイジ（Pilgrimage）」ということばがある。辞書をひくと、巡礼・行脚《あんぎゃ》・精神的遍歴・人生の行路、といった説明がのっている。巡礼というほどの大層なものではないけれど、物故した偉人・芸術家などの生地、墓所、足跡なんかをまわったりすることも、やはりPilgrimageである。

この文章は、村上春樹のエッセー「ロックヴィル巡礼」の冒頭からの引用（『ザ・スコット・フィッツジェラルド・ブック』所収、中央公論新社）。傑作小説『グレート・ギャツビー』などで知られる米国の作家、スコット・フィッツジェラルドの墓があるメリーランド州ロックヴィルを訪れたときの模様を記したエッセーだ。

さて。このエッセーを読んだ私は、フッと或る男のことを思い浮かべた。そして、いつか機会をみつけてその男の墓をPilgrimageしようと心に決めた。

２００８年４月。テキサス州ヒューストンで所用を済ませた私は、オースティン（テキサスの州都）に向かった。４月のテキサスはもう暑い。３時間ほどのドライブの間、車の冷房はつけっ放しだ。

オースティンの郊外にホーンスビー・ベンド（Hornsby Bend）と名付けられた広大な土地がある。テキサスの開拓に尽力した一族として有名なホーンスビー家の土地だ。ホーンスビー・ベンドはホントに広大だった。今は、環境問題などを研究する場所としてオースティンの公有地になっていた。職員に訊いてみると、面積は１２００エーカーもあるとのこと（東京ドームのグラウンド面積の約３７０倍）。それでも、ホーンスビー家が元々所有していた土地の約4分の1にすぎないというのだから驚く。ホーンスビー家の墓地の場所を訊ねると、チョット離れた場所にあって、そこは今でもホーンスビー家の私有地とのことだった。でも、墓地の中には誰でも自由に入れるそうなので、私はすぐに向かった。ホーンスビー家から生まれた大リーガー、ロジャース・ホーンスビーの墓をPilgrimageするために。

ロジャース・ホーンスビーは大リーグ史上最高の右打者と言われる。首位打者7回、三冠王（打撃主要3部門の打率、本塁打、打点でトップ）２回。ちなみに、ロジャース・ホーンスビーはスコット・フィッツジェラルドと同じく１８９６年生まれだ。

立派な墓地だった。墓守のような人は誰もいない。４月の快晴の空の下、墓地にいるのは私ひとりだった。

ロジャース・ホーンスビーの墓

静まり返った広い墓地の中をゆっくりと歩いた。墓石に刻まれた名をひとつずつチェックしていく。そして、ロジャース・ホーンスビーという名を見つけた。

小さく簡素な墓石だ。2本のバットとボールが描かれていることで野球選手だったことが辛うじてわかる。墓前にはボール、茶色の小石、指輪、馬の像が置かれていた。指輪には何も記されていない。

私はロジャース・ホーンスビーの墓前で1時間ほど過ごした。

スコット・フィッツジェラルドは傑作小説を書き遺したが、派手な生活を送り、酒に溺れ、金のためとしか思えない映画の脚本も書いた。野球は嫌いだったようだ。いや、嫌いどころか小馬鹿にしていた節すらある。だから、自分が『グレート・ギャツビー』を出版した1925年にロジャース・ホーンスビーが成し遂げたことに興味などなかったろう。この年、ロジャース・ホーンスビーは1922年に次いで2回目の三冠王になったのだ（大リーグ史上、三冠王に2回なった男は他にひとりしかいない）。一方、ロジャース・ホーンスビーは酒を一切飲まなかった。目に悪いという理由で本は読まず、映画も観なかった。だから、スコット・フィッツジェラルドの小説や映画に興味などなかったろう。

スコット・フィッツジェラルドの『グレート・ギャツビー』は多くの人に読み継がれていく傑作小説だが、文学ファンなら誰もが感動するとは思えない。その溢れんばかりのセンチメンタリズムを嫌う人もいると思う。でも大リーグファンなら誰もが、感動しながらロジャース・ホーンスビーの記録を語り継いでいくだろう。打率4割台3回、右打者最高通算打率3割5分8厘……。

ヒルツ大尉のキャッチボール

米国では昔から〝野球は国民的娯楽〟と言われている。で、米国では昔から大リーグの人気が高いというわけだ。でも、これは米国の建前にすぎないと私は思っている。だって、野球や大リーグにまるっきり興味がない米国人も昔から大勢いるのが実態なので。この建前と実態のギャップを表しているイイ例がある。

米国映画、『大脱走』（１９６３年）。第二次世界大戦中にドイツの捕虜収容所から脱走する連合軍将兵たちを描いている。私のような団塊の世代の男にとっては懐かしの名画だ。

さて。今は亡き名優スティーヴ・マックイーン扮する主人公の米国人捕虜、ヒルツ大尉は野球が大好きという設定になっている。で、ヒルツ大尉が左手にはめたグラブに右手でボールをうちつけるシーンや、独房で壁を相手に一人でキャッチボールをするシーンが出てくる。

ヒルツ大尉は野球が大好きという設定は、いかにも米国人という感じを出すためには実に効果的だ。なんせ、米国では〝野球は国民的娯楽〟と言われてるんだから。でも、この設定にはチョット無理があった。どうしてかというと、ヒルツ大尉を演じるスティーヴ・マックイーンの演技が全然サマになっていないのだ。

スティーヴ・マックイーンは子供の頃から野球をしたことがほとんどなかったんだろうと私は思っている。そうとしか思えない演技なのだ。まず、左手にはめたグラブに右手でボールをうちつける動作が全然ダメ。ボールを右手から離すのが早すぎる。手首をほとんど曲げずにボールをパッと離しているのだ。これは、野球に慣れていない人の典型的動作。

野球に慣れた人が壁を相手にキャッチボールをするときは、まず壁の近くの床にボールを投げつけるのが普通。そうすると、床から跳ねて壁に当たったボールはいつも一定の場所に戻りやすいのだ。ところがスティーヴ・マックイーンは壁から相当離れた床にボールを投げつけてるもんだから、床から跳ねて壁に当たったボールはアッチャコッチャに戻ってくる始末。

〝野球は国民的娯楽〟は米国の建前で、実態とはギャップがあるということです。……この映画は面白くて、スティーヴ・マックイーンはクールでカッコイイけど。

誰もが大リーグの試合を観戦する米国や、男性なら誰もが野球が大好きな米国なんて、かえって不気味だ。自由の国、米国で生まれた娯楽に〝国民的〟なんて建前ミエミエの言葉は使わない方がイイと私は思う。

ノースダコタ州ファーゴ

米国北部、カナダとの国境に接したノースダコタ州のファーゴという街。ほとんどの日本人にとって馴染みのない街だと思うが、米国映画のファンなら名前だけは御存知かもしれない。この街の周辺で起こった殺人事件を扱い、タイトルも『ファーゴ』という映画（1996年）があるから。

ニューヨーク・ヤンキースの本拠地球場、ヤンキー・スタジアムは2008年を最後に86年という長く輝かしい歴史にピリオドを打った（2009年から新たなヤンキー・スタジアムが本拠地球場となった）。そうしたヤンキー・スタジアムにまつわる逸話や、有名無名を問わず大勢のアメリカ人が語る思い出を収録した素晴らしい本がある。スコット・ピトニアック著『ヤンキー・スタジアム物語』（2008年、早川書房、訳・松井みどり）。この本に感動した私は、ヤンキー・スタジアムで活躍した選手のゆかりの地を訪ねてみることにした。私が選んだ選手は、ロジャー・マリス。……ベーブ・ルースやジョー・ディマジオを選ぶなんてあまりに芸がないし。そんなことないですかね？

ヤンキースの一員だったロジャー・マリスは1961年にヤンキー・スタジアムで61号本塁打を打ち、ベーブ・ルースの年間本塁打記録60本を破った。その後、マリスの記録を破った選手はバリー・ボンズなど何人かいるが全員ステロイド疑惑真っ黒け。で、本当に年間本塁打60本を超えたのは今でもマリスだけだと私は思っている。そんなマリスなのに、「野球の殿堂」入りはしていない。

ノースダコタ州のファーゴはマリスの故郷だ（生まれたのは他の地だが、育ったのはファーゴ）。そして、ファーゴの人々はマリスを「野球の殿堂」に入れる運動の一環として博物館までつくっている。２００８年、その博物館を見るために私は遠路はるばるファーゴを訪ねた。

日本からノースダコタ州への飛行機直行便はないので東隣りのミネソタ州のミネアポリスまで飛び、そこから車で向かった。ファーゴに到着してから博物館はどこにあるのか地元の人に訊いてみると、ナント、ショッピングセンターの中にあるっていうじゃないですか。そんなとこにあって博物館なんて言えるわけ？　……私はショッピングセンターが嫌いじゃないけど、博物館とはミスマッチと思うのが普通ですよね？

私は何だか変な感じだなぁと思ったが、とりあえずショッピングセンターの中に入っていった。そして、マリスの博物館を見つけた。

まず思ったのは、〝こんなもんで博物館と言うわけ？〟。ショッピングセンターの通路に沿って大したこともない陳列ケース（写真や記念品が置いてある）と、４畳半くらいの小部屋（マリス関連の映像がエンドレスで流れている）があるだけ。係員なんて一人もいない。私がそこにいた1時間ほどの間、博物館とやらを見学したのは私だけ。大勢の人が気にもとめずサッサと通路を歩き去って行ってしまうのだ。……ファーゴの人は見飽きているのか？　よその地からわざわざ見学に来る人はいないのか？

このショッピングセンターの中に博物館が

"博物館"の前で

〝オレはここに来たぞ〟という証明写真を撮っておきたいので、通路を歩いているオバサンをつかまえた。私が〝ここを見学するためだけに日本から米国に来たんです〟と言うと(もちろん嘘。せっかく米国に来たのに、ここだけ見学して帰国するわきゃない)、真に受けたオバサンは〝あらまぁ!〟と感動して撮影を引き受けてくれた。……私の嘘で誰かが困るわけでもないし、万事うまく行くんだから問題なし。

博物館とやらのそばにスポーツ関連の衣料品店があった。有名なスポーツ選手の背番号が書かれたTシャツなどが売られている。マリスの物を買おうと思ったのに、売られていない。……マリスの背番号9はヤンキースの永久欠番だぜ。ここはマリスの故郷だぜ。隣のミネソタ州の大リーグ球団ミネソタ・ツインズの現役選手の物なんか売ってる場合かよ。本気でマリスを「野球の殿堂」入りさせたいんなら、もっとリキ入れた方がイイんじゃないの。

「野球の殿堂」入りしようがしまいが、マリスの偉大さは変わらない。ファーゴの人も全員がそう思っているのなら私は嬉しいけど。

シナトラとディマジオ

米国の名優、ポール・ニューマンの初期の主演作『傷だらけの栄光』（1956年）は、たまらなく粋な科白が出てくる映画だ。

ニューマンが演じるのは、ニューヨークのイタリア系米国人ロッキー・グラジアーノ。実在したプロボクサーで、1940年代後半にミドル級世界チャンピオンとなった男だ。

さて。たまらなく粋な科白というのは、1940年代半ばにチョットした事件に巻き込まれて落ち込んでいるロッキー・グラジアーノを励ますトレーナーの言葉。〝お前は世界一名の売れたイタリア人だ。ミケランジェロとシナトラは別だが〟。……ホントに粋な科白だと私は思う。でも最近は、この科白の意味すら通じない人が多いから困る。シナトラってダ〜レなんて言う人が増えているのだ（ミケランジェロってダ〜レなんて言う人もたまにいるけど）。で、念のために言っておくが、フランク・シナトラはイタリア系米国人で、1940年代半ばには超有名になっていた偉大なポピュラー歌手だ。

ところで、この粋な科白にはチョットした問題がある。ミケランジェロと並び称されるのがシナトラで、大リーガーのジョー・ディマジオではないということ。ディマジオもイタリア系米国人で、1941年には56試合連続安打という不滅の大記録を達成して超有名になっている。

シナトラは1915年生まれで、ディマジオは1914年生まれ。つまり、二人は1歳違い。そして二人とも、1940年代に20代の若さでスーパースターとなっている。

では、どうしてディマジオではなくシナトラなのか。ハッキリ言っちゃうと、不滅の大記録を達成した大リーグのスーパースターも芸能界のスーパースターには人気の点では敵《かな》わないのだ。特に、大勢の若い女性がハンサムなシナトラの甘い声に夢中になったのが大きいと私は思う。若い女性が世間に計り知れない影響を与えるというのは、今も昔も同じということ。

そういえば、シナトラは野球と妙な因縁がある。シナトラが生まれた米国ニュージャージー州ホーボーケンは、本格的な野球の対抗試合が初めて行われた所として有名なのだ。だから野球ファンもディマジオではなくシナトラで我慢しろというわけではない。シナトラは偉大な歌手だから目をつぶるしかないんです。

では、二人がトシいってオジサンになったときはどうだったのか？ それを見事に語ってくれている本がある。二人と同じようにイタリア系米国人で、ニュー・ジャーナリズムの旗手と言われた男が書いた本だ。ゲイ・タリーズ著『有名と無名』（１９９５年、青木書店、訳・沢田博）。

この本の冒頭の章は、50歳の誕生日を間近に控えたシナトラを取材した「シナトラ風邪をひく」。次の章は、51歳のディマジオを取材した「ヒーローの静かな季節」。ちなみに、この２つの文章はどちらも、その素晴らしさゆえに米国のジャーナリズム界では伝説となっている。

ここでは2つの文章を詳しく紹介する余裕はないが、大意は章のタイトルが伝えてくれているると思う。

まず、オジサンのシナトラが風邪をひくと周囲が騒がしくなる。シナトラはオジサンになっても現役バリバリなので、レコーディングやテレビ番組の収録の予定が狂いかねないからだ。それでもすべてをこなしていくシナトラはさすがだが、微笑ましいくらい生意気だ。言うことはコロコロ変わるし、気に入らない連中には平気で喧嘩を売るし、小うるさいジャーナリストの直接取材なんか受けないし。でも、現役バリバリのスーパースターには誰も敵わない。

次に、現役から引退して久しいディマジオがオジサンになると、静かな生活を送ることになる。ディマジオに興味を抱く人はいるが、すべて過去の栄光についてだ。妻だったマリリン・モンローについて語りかけてくる人もいるが、それも過去についてだ。ジャーナリストに詮索なんかされたくないが、それは生意気なせいではなく静かな生活を守るため。

大リーグのスーパースターと芸能界のスーパースターの違いはトシいってから一層際立つのだ。……どちらが幸せかなんて言えないけど。

ケビン・コスナーの〝失敗〟

米国の映画俳優、ケビン・コスナー。最近はチョット老けて太ってイマイチだけど、若い頃はホントにホレボレするくらいカッコイイ男でしたねぇ。ケビン・コスナーに抱かれたいという女性がけっこういたくらいですもんね。そういう女性たちの気持ち、私にもよくわかりましたよ。私は抱かれたいとは絶対に思わなかったけど。

ところで、米国には野球が下手な俳優が多い。そして、そういう俳優を野球映画で起用するもんだから観るほうとしてはたまんない。でも、ケビン・コスナーは超例外。

ケビン・コスナーは子供の頃から野球をするのが大好きだっただけあって、ホントに野球が上手い。米国の俳優の中ではピカイチ。『フィールド・オブ・ドリームス』（１９８９年）で父親とキャッチボールする姿は実にサマになっているし、『さよならゲーム』（１９８８年）でバッティングマシーンから飛んでくるボールをさりげなく打つ上手さなんて泣けてくるし、『ラブ・オブ・ザ・ゲーム』（１９９９年）で大リーグ引退前の投手を演じる姿には違和感ないし。

そんなケビン・コスナーだけど、代表作は南北戦争を背景に米国の哀しい歴史を描いた

『ダンス・ウィズ・ウルブズ』（1990年）になるんだろうなぁ。なんせ自身が製作・監督・主演して、アカデミー賞を7部門で受賞してるし。でも私は、この映画でケビン・コスナーは失敗をしでかしたと思う。野球のシーンがまるっきり出てこないからだ。

野球の歴史は南北戦争抜きには語れない。米国東部で生まれた野球が全米に広がった契機は南北戦争と言われているのだ（異論もあるけど）。戦いの合間に、東部から来た兵士から野球を教えられた兵士たちが戦後、地元に戻って野球を広めたのだ。野球が大好きなケビン・コスナーなのに、南北戦争時の映画でこうした史実を忘れちゃうなんて失敗としか言いようがないではないか。

では、南北戦争を描いた映画で史実通りに野球シーンが出てくるものなんてあるのか？ちゃんとある。『グローリー』（1989年）。南部から逃れてきた黒人奴隷を中心に結成された北軍黒人部隊を描いた映画。兵士たちが野球をしているシーンがちゃんと出てくる。ホンのちょっと背景に流れるだけなので、ぼんやり観てると気付かないけど。

でもやっぱり、この史実はケビン・コスナーの映画で扱って欲しかったなぁ。そうしてくれてたら、よくぞやったと私がケビン・コスナーを思いっ切り抱きしめてあげたのに。

ベーブ・ルースの生涯

大リーグが生んだ最も偉大な男をあげるとなれば、やっぱりベーブ・ルースということになるだろう。好き嫌いは別にして、この事実には誰も文句を言わないのではないか。……私も言わない。一番好きな大リーガーはルースではないけど。

そんなルースなので、伝記が数多く書かれている。伝記の多さではリンカーン大統領や自動車王フォードにも負けないと昔から言われているくらいだ。……エルビス・プレスリーもこれに加えるべきなんじゃないかと私は個人的に思うけど。

つまり、ルースの生涯はすでに語り尽くされている感があるのだ。ところが2008年、私はビックリしてしまった。ルースの生涯に新たな光を当てる出来事が起こったのだ。2つも。

一つはフィクションの世界、つまり小説で起こったことだ。デニス・ルヘイン著『運命の日』(上下巻、2008年、早川書房、訳・加賀山卓朗)。読み応えがあるとか、面白いといった、ありきたりの表現では収まりきらないほどの傑作小説だ。

主な舞台は、1918年から1920年のボストン。大変な時期のボストンだ。なんせ

1918年に大流行したスペイン風邪で多数の死者は出るわ、前年の1917年に起こったロシア革命の影響もあって思想対立は激化するわ、物価は高騰するわ、労使間の対立は先鋭化するわときている。そんな中、ボストン市警がストに突入し、ボストンは暴動で荒れ狂う。こうした史実を多彩な登場人物を配して描いた歴史小説なのだが、ナント、狂言回しのような役割でルースが登場してくるのだ。この絶妙のアイデアには脱帽。

この時期、ルースはボストン・レッドソックスの一員だった。1919年には29本塁打という大リーグ新記録を樹立しているが、まだ大爆発はしていない（小説は1920年にニューヨーク・ヤンキースに移籍するルースの旅立ちで終わるが、ルースはヤンキース移籍後に大爆発し、大リーグ史上最も偉大な男となっていく）。こうした大爆発前のルースを動乱の同時代の人々の中に置き、一人の人間として描いている。真の愛に恵まれず、これからも恵まれないに決まっていると諦めるルースの哀しい姿までも。大リーガーが登場する小説はけっこうあるが、これほどまでに見事な描き方をしたものは他にないのではないか。

次に、ルースの生涯に新たな光を当てる出来事の2つ目。それは、フィクションとは最も懸け離れた世界で起こったことだ。

ルースは1948年に53歳で生涯を終えたが、ルースを死に追いやった病は何だったのか？　喉頭癌《こうとうがん》（のどの癌）というのが通説だった。でも2008年に私は大変な事実を知り、ビックリ仰天してしまった。

ルースが癌で亡くなったのは間違いない。これに疑問を投げかける人はいない。問題は、どこにできた癌だったのかということだ。大酒飲みで煙草をプカプカやったルースが喉頭癌になったというのは実にわかりやすいので、通説を誰も疑わなかった。ところが、月刊誌『フォーサイト』（新潮社）の２００８年12月号に米国人ジャーナリストが寄稿した記事を読んだことがキッカケで、私はビックリ仰天することになったのだ。その記事には、米国の歯科医がルースの癌は喉頭癌ではなく鼻咽頭癌（鼻の後ろの癌）だったという論文を米国歯科協会報に発表したと簡単に紹介されていたのだ。私は、それってホントかいなと思った。鼻咽頭癌はＥＢウイルスというウイルスと密接に関係していて、東南アジア、特に中国南部の男性に多いことで有名だ。欧米人が罹《かか》るのは珍しい。

私は、論文そのものを読んでみた。さらに、その論文の中で引用されている他の論文も読んでみた。……ちなみに、私の本業は病理医だ。患者さんの癌がどこにできたものかを決めるのも仕事のひとつ。で、私でもこのテの論文なら完璧に読みこなせる。

ホントだった。ルースを治療した医師団は喉頭癌と診断していたようだが、ルースの遺体の病理解剖の結果、ルースの喉頭には何も変化はなく、鼻咽頭に癌があったことが判明していた。つまりルースは喉頭癌という通説は間違っていて、ホントは鼻咽頭癌だったのだ。

が、しかし、私がビックリ仰天した事実はこのことではない。ルースは鼻咽頭癌だったということは、ルースの病理解剖の翌日に『ニューヨーク・タイムズ』がきちんと報じていたのだ。いいですか、1948年の時点で『ニューヨーク・タイムズ』がきちんと伝えていたんですよ。それでも、間違った通説が流れ続けていたんですよ。さらに1999年にも、通説は間違っていてルースは鼻咽頭癌だったときちんと記した論文が世に出ていたんですよ。それでも、間違った通説が流れ続けていたんですよ。通説というのはビックリ仰天するほどしぶとい力を持っているんですよ。……ルースは喉頭癌だったという間違った通説は今度こそ消えるのだろうか？

ショッピングモールの中で

大リーグでは新球場の建造が相次いでいる。たとえばミネソタ州ミネアポリスの大リーグ球団、ミネソタ・ツインズの本拠地球場は1982年からズッとヒューバート・H・ハンフリー・メトロドーム（通称メトロドーム）だったが、2010年からは新たに建造されたターゲット・フィールド。では、メトロドームの前の本拠地球場は何だったのか？そして、それは今はどうなっているのか？

ツインズは1981年まではメトロポリタン・スタジアムを本拠地球場としていた。そのメトロポリタン・スタジアムは取り壊され、今は全米屈指の巨大ショッピングモール、「モール・オブ・アメリカ」となっている。私は2008年、この「モール・オブ・アメリカ」に行ってきた。

まずは、その巨大さに驚く。……というのは真っ赤な嘘。本音を言うと、まるっきり驚かない。ようするに大きなデパートっていうだけのことじゃん、という感じだ。

でも、驚いたことがないわけではない。ショッピングモールなのに、ド真ん中にヤケに広くて立派なテーマパークがあるのだ。大人も子どもも楽しめるアトラクションやジェットコースターなんかがあるテーマパーク。こんなものがどうしてショッピングモールの中にあんの、と驚くわけですよ。

ところで。そのテーマパークの通路の床に、私の胸をときめかせるものがある。かつてメトロポリタン・スタジアムのホームベースがあった場所に記念碑がはめこまれているのだ。もちろん、ホームベースの形をした記念碑だ。

でも残念ながら、ホームベースの記念碑に胸をときめかせるのは私くらいなもんだった。記念碑に気付いて立ち止まる人やチラッと見て行く人もいるが、ほとんどの人は気付かずに通り過ぎて行くだけ。ホームベースの記念碑を踏みつけて行く人すらけっこういる。〝こら！　神聖な物を踏んだりすんなよ！〟と私は思うが、どうしようもない。人の

モール・オブ・アメリカの正面入り口

ド真ん中にあるテーマパーク

興味はそれぞれ違いますもんね。

私は胸をときめかせながら、ホームベースの記念碑に近づいて行った。そして、ホームベースの右横にひっそりと立った。私は騒がしいテーマパークの中で、かつてのメトロポリタン・スタジアムの右打席に立ったのだ。そして、かつてメトロポリタン・スタジアムの外野席があった方向に目を遣《や》った……。

1967年6月3日、メトロポリタン・スタジアムの右打席に立ったミネソタ・ツインズの強打者ハーモン・キルブリューは超特大の本塁打を打った。その打球が飛び込んで当たった外野の椅子席は今もきちんと残っている。キルブリューの超特大本塁打を記念して、テーマパークの中に。もちろん、その椅子席がもともとあった場所に。

でも、かつてのメトロポリタン・スタジアムの右打席に立った私にはその椅子席が見えない。テーマパーク内のアトラクションが邪魔をしているのだ。ガックリきた私は、〝テーマパークを設計した人はオレみたいな大リーグの熱狂的ファンの気持ちがまるっきりわかってねぇなぁ〟と愚痴りながら歩いて行った。

椅子席はテーマパークの壁のかなり上の方に掲げられていた。赤く塗られている。でも、その壁の前はウォーターシュートになっているので、赤い椅子席は遠くから見るしかない。私のデジカメじゃ、どんなに操作しても小さく写るだけ。

私は赤い椅子席を近くから撮影するためにウォーターシュートに乗りましたよ。ウォー

ホームベースの記念碑を踏んで歩く女性

かつて右打席だった場所に立った私

超特大本塁打が当たった
外野の椅子席

ターシュートに乗ったら写真撮影禁止なんだけど、そんな規則は知らなかったことにしましたよ。でもウォーターシュートは揺れるわ、水は跳ねてくるわで、ピンボケや水滴だらけの写真になっちゃう。3回もウォーターシュートに乗って挑戦したけどダメ。仕方ないので、テーマパークから出て、「モール・オブ・アメリカ」の3階から撮影。これが、私が大きく撮影できる限界。……疲れちゃった。

宝くじが当たらなくても

夏休みにでも渡米して大リーグの球場に行ってみたいと思っている方々がいらっしゃるだろう。そういう方々にアドバイスしたいことがある。

大リーグの球場に入って試合を観戦するためには観客席のチケットを何とか手に入れればイイ。当たり前すぎてアドバイスになってませんね。では、観客席だけでは飽きたらず、グラウンドにも降り立ちたい場合は？　そんなことしたいとは思わない？　でも、したい人もいるんですよ、たとえば私みたいに。

まず、試合中にフェンスを越えて勝手にグラウンドに降り立っちゃうというテがある。でも、これはよほどのことがないかぎりやらないように。こっぴどく叱られちゃうから。

そんじゃ、よほどのことって何だ？　米国映画『2番目のキス』（2005年）が参考になる。主人公の女性は、ボストン・レッドソックスの本拠地球場フェンウェイ・パークの外野席から試合中にグラウンドに降りて必死に走っちゃう。内野席にいる恋人のところに人生を賭けて駆けつける必要があったから。こういう場合は、あまり叱られないみたい。

次は、ツテを利用して降り立っちゃうというテ。米国映画『小説家を見つけたら』（2000年）が参考になる。文才のある高校生が、知り合いになったピュリツァー賞作家と一緒にツテを利用して深夜のヤンキー・スタジアムのグラウンドに入り込んじゃうというシーンがある。

では、人生を賭ける気もなくツテもない場合はどうしたらイイのか？　米国映画『あなたに降る夢』（1994年）が参考になる。宝くじが当たって大金を手にした主人公は、ヤンキー・スタジアムを借り切って近所の子供たちと野球をして楽しんじゃう。

宝くじが当たることは滅多にないから参考にならない？　そんなことはない。金を払えば誰だってグラウンドに入れることを教えてくれてるわけだから。実際、どこの大リーグの球場でもチョットした金を払えば球場の隅々まで見せてくれるツアーがある。グラウンドにも立たせてくれる。でも、ツアー客が多いとグラウンドの端っこにチョコッと立たせてくれるだけ。ツアー客が少ないと、グラウンド内をけっこう歩かせてくれる。グラウンド中を走り回ることさえ許してくれちゃうところもある。ただし、ツアー客が極端に少ない球場だけ。つまり、人気のない球団の球場だけ。では、オススメ球場は？　そんなこと公《おおやけ》の場で言えるわきゃないですよ。……個人的に密かにというなら教えてあげてもイイけど。

ハイゼンベルク暗殺計画

ロバート・オッペンハイマー。第二次世界大戦中に米国で原子爆弾開発のリーダーを務めて成功をおさめたが、戦後は核兵器反対を唱えたことも一因で悲劇的な人生を送った物理学者だ。

このオッペンハイマーの素晴らしい伝記がある。一人の男の人生を描きつつ、人間社会の限界も見事に描いた本だ。カイ・バード、マーティン・シャーウィン共著『オッペンハイマー「原爆の父」と呼ばれた男の栄光と悲劇』（上下巻、２００７年、ＰＨＰ研究所、訳・河邉俊彦）。

ところで。米国は第二次世界大戦の最中、ドイツが先に原子爆弾の開発に成功するのではないかと心配し、ドイツで原子爆弾開発の指導的役割を果たしていると思われる人物の誘拐・暗殺を計画した。量子力学の歴史に燦然《さんぜん》と輝く不確定性原理を導き、ノーベル物理学賞も受賞していたヴェルナー・ハイゼンベルクの誘拐・暗殺だ。そしてハイゼンベルクが所用でドイツを離れてスイスに出向くことを察知し、計画遂行の機会到来とばかりに行動を開始した。

オッペンハイマーの素晴らしい伝記も、この件についてはけっこう詳しく触れている。オッペンハイマーもこの計画の存在を知っていたからだ。でも、計画遂行のためにスイスに送り込まれたスパイについては実にアッサリと触れているだけ。〝モウ・バーグをスイスに送った。元野球選手のモウ・バーグは、１９４４年12月にこのドイツ物理学者を尾行したが、最終的に暗殺はしないことになった〟と。

バーグは元大リーガーだった。そして、ハイゼンベルクを暗殺するためにスイスに送り込まれたスパイだったことで有名だ。もしハイゼンベルクを暗殺していたら、もっと有名になっていただろうし、オッペンハイマーの素晴らしい伝記もバーグについて少しは考察を加えただろう。でも私は、バーグはハイゼンベルクを暗殺しなかったからこそ考察に値する男になったのだと思っている……。

バーグの生涯について実に綿密な調査と取材をした傑作伝記がある。ニコラス・ダウィドフ著『「大リーガー」はスパイだった　モー・バーグの謎の生涯』（１９９５年、平凡社、訳・鈴木主税）。

バーグは頭脳優秀だった。名門のプリンストン大学で言語学を学び、半端な数ではない外国語に堪能となった。野球も上手かったバーグは大学を卒業してから大リーガーとして15年ほど過ごしたが、その間に弁護士資格も取得した。シーズンオフに一流弁護士事務所で働いたこともある。でも、大リーガーとしては一流になれなかった。野球界から引退後、情報機関のスパイとなった。1944年12月、スイスに送り込まれたバーグはハイゼンベルクの講演を聴いた。その後、ポケットに銃を忍ばせたバーグはハイゼンベルクと二人だけで夜道を歩きながら会話も交わした。銃を撃つならそのときだった。でも、撃たなかった。ハイゼンベルクは原子爆弾をつくる準備を進めていないようだから殺す必要はないと判断したのだ。戦後、バーグは定職に就かず、知人たちの好意に甘えたような生活を25年間も続け、1972年に70歳でこの世を去った。

バーグは多くの言語に堪能で、弁護士資格も持ち、野球も上手かったのだから、何か一つに的を絞って人生を送れば良かったのにと思う人がいるかもしれない。知人たちの好意に甘えたような戦後の姿は惨めと言う人もいるかもしれない。でも、バーグの人生には大いに誇ってイイことがあると私は思う。ハイゼンベルクを殺さなかったことだ。

世の中では、何を成し遂げたかが重要視されることが多い。でも、何をしなかったかが重要な場合だってある。もしバーグが判断を間違えて、もしくは功名心に駆られてハイゼンベルクを殺していたら、バーグだけではなく米国も激しく糾弾されることになっただろう。……第二次世界大戦時、ドイツには原子爆弾を完成する力などなかった。1944年12月の時点で第二次世界大戦の勝負は既についたも同然だった。

昔の名前で出ています

大リーグでは、球団が本拠地の都市を別の都市に突然ヒョイと移転してしまうことがけっこうある。さらに、球団がなくなってしまった都市に何年か経ってから（あるいはすぐに）新たな球団が突然ヒョイと創設されることもけっこうある。ではここで、そうした事例をチョットだけ紹介しておこう。

1969年にシアトルに創設されたシアトル・パイロッツは、アッという間の翌年にミルウォーキーに移転してミルウォーキー・ブルワーズになってしまった（ちなみに、今のシアトル・マリナーズは1977年に新たに創設されたもの）。今のミネソタ・ツインズは1961年にワシントンのワシントン・セネタースがミネソタに移転したものだ。でも、ワシントンにはすぐに2代目セネタースが誕生した。その2代目セネタースが1972年にテキサスに移転してテキサス・レンジャーズになった。そんなイイ加減なワシントンには今、カナダのモントリオールにあったモントリオール・エクスポズが移転してワシントン・ナショナルズという名になった球団がある。……こんな歴史はイチイチ憶えてらんないですよね。他に何もやることがないほど暇な人はべつだけど。

でも、一つだけ憶えておいた方がイイ歴史がある。ニューヨークのブルックリンを本拠地にしていたブルックリン・ドジャースが１９５８年にロサンゼルスに移転してロサンゼルス・ドジャースになった一件。この移転を悲しみ、恨むブルックリンの住民が大勢いた（いまだにいる）のはとっても有名だから。このことをネタにした多くの小説、映画、エッセーがあるくらいだ。

私に言わせれば、移転したんだから球団名を変えればイイものをドジャースのまんまにしているからいけないのだ。名前を変えてしまえばブルックリンの人たちも諦めがつくかもしれないのに。だいたい、ドジャース（Dodgers）という名前は、ブルックリンではヤケに多いトロリーバスを避けながら道を歩かないと球場に行けなかったことに由来している（dodge は身をかわすという意味で、Dodgers は身をかわす人）。でも、ロサンゼルスにはそんな事情はないんだからさ。

そうそう、ドッジボール（dodge ball）はボールの当てっこゲームだと思っている人が多いけど、ボールの避《よ》けっこゲームとも考えられるんですよ。で、避球という日本語訳もある。そんな訳語は聞いたことない？　でもホントにあるの。

キリスト誕生に匹敵する出来事

1958年、ニューヨークのブルックリンを本拠地にしていたブルックリン・ドジャースがロサンゼルスに移転してロサンゼルス・ドジャースになったが、この移転を悲しみ、恨むブルックリンの住民が大勢いた（いまだにいる）のはとっても有名で、このことを描いた多くの小説、映画、エッセーがある。

そうした小説、映画、エッセーをひとつずつだけ紹介しておこう。

まず小説。デイヴィッド・リッツ著『ドジャース、ブルックリンに還る』（1986年、角川文庫、訳・小菅正夫）。愛するドジャースをブルックリンに連れ戻そうとする男たちを描いたもの。こんな荒唐無稽《こうとうむけい》な小説があるなんて脱帽するしかないだろう。ドジャースを愛してやまないブルックリンの住民たちが大勢いるからこそ生まれた小説といえる。

次は映画。『ブルー・イン・ザ・フェイス』（1995年）。この映画では、ドジャースの移転を悲しみ、恨む人物が次から次へと登場し、その胸の内を語る。この映画の脚本は、現代米国文学を代表する作家の一人、ポール・オースターが書いていて、本にもなって出版されている（『スモーク&ブルー・イン・ザ・フェイス』所収、1995年、新潮文庫、訳・柴田元幸ほか）。

最後はエッセー。ピート・ハミル著『マンハッタンを歩く』（2007年、集英社、訳・雨沢泰）。この本はニューヨークの歴史、現状を詳細に描いたものだが、こういう文章が登場する。〝かなり時間がたってから、わたしはこう言ってついにドジャーズをあきらめた。まあ、少なくとも一度は自分のものだったし、ずっと記憶のなかに持っていられるんだ〟。さらに、こういう文章も。〝あいもかわらず「ドジャーズが行ってしまう前は……」という決まり文句で話が始まったりする〟。

つまり、人類の歴史をキリスト誕生で区切るみたいに、時の流れをドジャース移転の前か後かで区切る人がいるわけですよ。これって、ホントに凄いですねぇ。

ホントは〝そうじゃない〟

毎年、大リーグで一番盛り上がるのはワールドシリーズ。年間最強球団を決める熾烈な戦いには、いつも胸躍るものがある。

そのワールドシリーズに絡んだ有名な言葉がある。その言葉はワールドシリーズ史上にとどまらず大リーグ史上最も有名な言葉だ。その言葉について説明するが、まずは１９８２年の私の経験から。

　故アート・バックウォルドは、米国の政治・社会について痛烈でユーモア溢れるコラムを書き続けた人だ。１９８２年、そうしたコラムを集めた邦訳本が出た。『嘘だといってよ、ビリー』（文藝春秋、訳・永井淳）。この本には「嘘だといってよ、ビリー！」というコラムが収められている（このコラムのタイトルが本全体のタイトルにもなっているわけだ）。元大統領ジミー・カーターの弟、ビリー・カーターは俗世間の常識とは無縁の男として有名だった。ところが、そのビリーが突然、金儲けのためとしか思えない俗っぽいことを始めた。この豹変ぶりに対する驚きと失望を抱腹絶倒の文章で書いたものだ。

　さて、このコラムのタイトルは大リーグ史上最も有名な言葉から借用している。１９１９年のワールドシリーズでシカゴ・ホワイトソックスの選手たちが金を貰ってわざと負けるという八百長事件を起こした。結局、８人の選手が永久追放となったが、その中に多くのファンから愛されていた名選手ジョー・ジャクソンがいた。ジョー・ジャクソンがこの事件についての証言を終えて裁判所から出てきたときに少年ファンが叫んだという有名な言葉があるのだ。〝嘘だといってよ、ジョー！〟。

　では、この言葉の〝嘘だといってよ〟という部分は原文の英語ではどうなっているか？

１９８２年、私は試しに友人たちに訊いてみたのだ。予想通り、誰も言い当てられなかった。全員が日本語から英語に直訳してしまう（〝Please say it is a lie.〟といった風に）。実際は、〝Say it ain't so〟だ。日本語に直訳すると、〝そうじゃないといってよ〟。

〝そうじゃないといってよ〟という英語を直訳せずに〝嘘だといってよ〟という日本語にしたのは素晴らしい名訳だと思いません？

この名訳だけではなく原文の英語も、そして由来も憶えておくことを皆さんに勧めたい。米国では今でも、スキャンダルが起こったときなどにこの大リーグ史上最も有名な言葉が新聞やテレビの報道などで借用されることがけっこうあるから。

テキサス州アルビン訪問記

２００９年の夏、私はテキサス州アルビンを訪ねた。元大リーガー、ノーラン・ライアンの故郷だ。そこいらじゅうにノーラン・ライアンを記念した物がある。ノーラン・ライアンだらけと言ってもイイくらい。

ノーラン・ライアンは大リーグの歴史に永遠に名が残る投手だ。通算奪三振５７１４という空前絶後の大リーグ記録を達成している。……ついでに言っておくと、ノーラン・ライアンと私は同じ１９４７年生まれ。

アルビンに到着した私は、誰かに訊くしかないなと思いながら車をゆっくり走らせていた。見学したいノーラン・ライアンの記念物がアルビンのどこにあるか詳しく調べずに来てしまったのだ。でも、訊くには絶好の人をすぐに見つけた。パトカーの横に立った警官。太っているが目つきの鋭い黒人警官。スピード違反の車を捕まえて処理を終えたばかりのようだ。私は人相が悪いが、こういうときは臆したりせずに平気で警官に近づいていく。ホントの悪者は自分からわざわざ警官に近づいたりしないと警官はわかっていると私はわかっているから。案の定、警官は警戒なんかせずに〝何か用?〟という顔をしている。私が用件を言うと、すぐに〝オーケー〟と応じてくれた。そしてパトカーの運転席に座り、搭載したパソコンを操作して私が見学したい場所の地図を次から次へと画面に出してくれる。警官が助手席側の窓を下げてくれていたので、私はそこから覗き込んでメモをとりまくり。

すべてを教えてくれた警官が意外なことを言った。〝市庁舎の前の銅像は見学しないのかい?〟。そんな銅像のことなんか知らなかった私が〝市庁舎ってどこにあるんですか?〟と訊くと、〝オレについて来い〟と言う。で、私は自分の車に乗り込み、パトカーに先導されて市庁舎に向かうことになった。ラッキー!

現役時代の投球フォームそっくりの銅像だった。私が写真を撮り始めると、警官が〝君の写真を撮ってあげるよ〟と言うではないか。こりゃご厚意に甘えるしかない。私は銅像

市庁舎前のノーラン・ライアンの銅像

の横でポーズをとった。
　ヤケに親切な警官を乗せたパトカーが走り去った後、私は大事なことを警官に訊くのを忘れていたことに気付いた。……パトカーに搭載されていたパソコンはパナソニック製だったのだ。で、アルビンのパトカーはすべてパナソニック製のパソコンを搭載しているのか私は訊いてみるべきだったのに。大失敗！
　悔やんでも仕方ないので、テキサス州ハイウェイ２８８号線を目指して車を走らせることにした。このハイウェイの一部が「ノーラン・ライアン高速道路（Nolan Ryan Expressway）」という名前になっているのだ。
　この名前の面白さをきちんと理解して頂くためにチョット説明しておこう。ノーラン・ライアンは１９６６年にニューヨーク・メッツで大リーグにデビューしたが、さほど活躍できなかった。ところが、１９７２年にカリフォルニア・エンゼルス（現在のロサンゼルス・エンゼルス）に移籍してから才能が一気に開花。１６０キロを上回る豪速球をビュン

ノーラン・ライアン高速道路の標識

ビュン投げ、「カリフォルニア特急(California Express)」というニックネームまでついた。「ノーラン・ライアン高速道路(Nolan Ryan Expressway)」という名前は、このニックネームをもじっていると思ってイイ。

さて、ハイウェイ288号線に入った私は、〝そりゃないぜ〟と思った。路肩に車を駐めて「ノーラン・ライアン高速道路」という標識を写真撮影しようと思ったのに、そんなことができるほどのスペースが路肩にはないのだ。ということは、車を走らせながら撮影するしかないことになる。しかもハイウェイだから、スピードをけっこう出しながらだ。〝この写真撮影って命を懸けるほどの価値があるのかなぁ〟と疑問を感じた私だが、果敢にチャレンジ。標識が近づいたところでデジカメを構え、パッと撮影しようとした。でも、シャッターを押す前に車が標識を通り過ぎてしまった。もう一度やってみようかと思ったが、やめることにした。トッテモ怖かったから。こんなことで命を落としたら浮かばれないと思ったから。果敢と無謀の違いに気付いて深く反省したから。

ハイウェイから降りて、側道から標識を見上げるようにして撮影することにした。側道とはいえ、車を走らせながら撮影するのは危険だ。でもラッキーなことに赤信号で停車したら標識がすぐそばに見えたので、パッと撮影。……隣の車のオバサンが怪訝《けげん》そうに私を見つめていた。で、見つめ返してニコッとしてあげたのに、完全に無視された。

次は、ノーラン・ライアン展示センターだ。

この展示センターはアルビン・コミュニティ・カレッジという大学のキャンパス内にある（Alvin Community College：地元の人は頭文字からＡＣＣと呼ぶ）。

ＡＣＣに到着した私はビックリして、〝う〜ん〟と唸ってしまった。大学の門から入ってキャンパスに向かう道を車でゆっくり走ったのだが、道の両側に星条旗が等間隔で立っているのだ。まるで星条旗だらけ。……米国の大学で星条旗がこんなにたくさん立ってるのをオレが見るのは初めてだけど、米国ってヤルとなったらホントに徹底的にヤルんだなあ。

展示センターの前には、帽子をとって観衆に応えるポーズのノーラン・ライアンの銅像

ノーラン・ライアン展示センター前の銅像

"静かになった"展示センターの中

が立っていた。大リーグ通なら、このポーズを見ただけでノーラン・ライアンとわかる。けっこう有名なポーズだからだ。銅像の後ろにも星条旗が立っていた。1本だけだけど。テキサス州の州旗、ノーラン・ライアンが所属していた大リーグ球団の旗も立っていた。

5ドル払って中に入った。広いスペースの実に立派な展示センターだ。回り廊下のような通路を歩きながらノーラン・ライアンの足跡を辿《たど》ることができる。活躍ぶりを示す写真や野球道具などが次から次へと展示されているのだ。私は心行くまで見学しようと思ったのだが……。

展示センター内には私の他に男女のカップルが一組いた。年恰好から父娘かと思っていたのだが、しばらくするとそうではないことがわかった。ヤケにいちゃつき始めたのだ。どうも、金持ちジイサンと愛人らしい。〝こういう神聖な場所でいちゃついたりするんじゃねぇよ！〟と頭に来た私は、二人にカメラを向けて撮影するフリをしてやった。この嫌がらせは効果テキメン。二人は慌てふためいて外に出ていった。

ひとりになった私は、心行くまで展示物を見学できた。……で、私はACCで何を見てきたかと問われたら、星条旗と愛人カップルなんて答えなくてもイイわけだ。あぁよかった。

まだノーラン・ライアン絡みのものは色々ある。でも、わざわざ米国に来たのにノーラン・ライアンのためだけに時間を割いているのはもったいない。で、あと一ヵ所だけ見て

ノーラン・ライアン中学校

オシマイにすることにした。

前年の２００８年に開校されたばかりのノーラン・ライアン中学校（Nolan Ryan Junior High School）。

私はこの中学校がどこにあるのかパトカーの警官から教えてもらったのに、途中で迷子になってしまった。で、車をガソリンスタンドに駐め、従業員のオバサンに訊いてみた。ところがオバサンは〝私はそんな中学校のことは聞いたことない〟だって。驚いた私が思わず〝えっ、知らないの？　あんた、アルビンに住んでんでしょ？〟と言うと、〝私はアルビンで働いてるだけよ。住まいは違うの〟ときた。拍子抜けしてポケーッとしていた私を可哀想に思ったのか、オバサンが続けた。〝すぐそこの理髪店の店主なら知ってるわよ、きっと〟。

　小さな理髪店だった。古くて傷《いた》んだ木製のドアを開けて中に入ると、中年の白人男性客の髪を刈っていた店主らしき初老の白人男性が私を見て怪訝《けげん》そうな顔をした。仕事中に失礼とは思いつつ用件を言うと、店主は仕事を中断して丁寧に教えてくれた。店主に礼を言い、髪を刈られていた客には無礼を詫《わ》びて店から出ようとすると、客が声をかけてきた。〝君はどこから来たんだい？〟〝日本から〟〝ホントかい？〟〝えぇ〟〝ノーラン・ライアンは日本でも有名かい？〟〝もちろん！〟〝そりゃ、嬉しいねぇ〟。

　やっと中学校に到着。日本人の感覚からすると学校とは思えないほど綺麗で立派な建物だ。夏休みの最中のせいかヤケに静かで、人影が見えない。で、私は色々な角度から黙々と写真を撮り続けた。

　大リーガーの名前を中学校につけちゃうなんて凄いですねぇ。しかも、公立中学校ですよ。これだけでも、アルビンの人たちがノーラン・ライアンをどれだけ誇りにしているかわかるというもんです。

『ホワイト・クリスマス』

最近、私は超有名なクリスマス・ソング『ホワイト・クリスマス』を知らない若い人がけっこういることを知った。その事実に私は驚いたりしなかった。〝へぇ、そうなんだ〟と思っただけ。『ホワイト・クリスマス』は古い歌だし、興味の対象は人によって違うから。でもそのとき、私はフッと思った。ひょっとすると、トシいった人たちも〝あのこと〟は知らないんじゃないか。で、私は周囲のトシいった人たちに訊いてみたのだが、やっぱり知っている人は誰もいなかった。

『ホワイト・クリスマス』は、米国映画『スイング・ホテル』（1942年）の中で主演のビング・クロスビーが初めて歌った曲だ。ビング・クロスビーは歌手・俳優として超有名だが、大リーグ球団ピッツバーグ・パイレーツの共同オーナーだったこともあるくらい野球が好きだったのは意外と知られていない。米国映画『我が道を往く』（1944年）では、大リーグ球団セントルイス・ブラウンズ（現在のボルチモア・オリオールズの前身）のトレーナーを着て登場したりもしている。

ところで、『スイング・ホテル』は1954年に筋立てをチョット変えて再製作されている。タイトルも変更されて、そのものズバリの『ホワイト・クリスマス』。主演は再びビング・クロスビーだが、ダニー・ケイが共演。このダニー・ケイも歌手・俳優として超有名だが、大リーグ球団シアトル・マリナーズの共同オーナーだったこともあるのは意外と知られていない。もっとも、ダニー・ケイはシアトル・マリナーズではなくロサンゼルス・ドジャースの熱烈なファンだったらしいけど。

昔は芸能界の大スターがドンドン大リーグ球団のオーナーになっていたわけですよ。でも今じゃ、そういうわけにはいかないみたい。大リーグ球団の経営には物凄くお金がかかる時代になってしまっているから。

そうそう、映画『ホワイト・クリスマス』にはローズマリー・クルーニーも出演している。今をときめくカッコイイ俳優ジョージ・クルーニーの叔母さんだ。そして、ジョージ・クルーニーは野球が大好きで、大リーグ球団の入団テストを受けたこともある。というわけで、映画『ホワイト・クリスマス』には大リーグと関係のある人が3人も出演しているわけですよ。……3人目にはチョット無理があるか。

高い壁を初めて越えた男

ノースダコタ州ファーゴ。ベーブ・ルースの年間本塁打記録60本を初めて破った男、ロジャー・マリスの故郷だ。ファーゴにはマリスを記念した博物館がある。2008年、私はその博物館を見学するためにファーゴを初めて訪ねた。それから1年後の2009年、私は再びファーゴを訪ねた。

その2009年の大リーグ。開幕してから1ヵ月ほどたった頃、タンパベイ・レイズのカール・クロフォードに注目するファンがけっこういた。私もその一人。クロフォードの盗塁数のペースには目を瞠《みは》るものがあったのだ。5月3日には一試合6盗塁なんて凄いことまでやってのけ、このままいくと年間盗塁数が100を超えるんじゃないかと期待を持たせた。でも、しばらくするとペースは落ちた。夏が来る頃には年間盗塁数が100を超えるのは絶望的となっていた。結局、クロフォードは60盗塁でシーズンを終えることになる。

年間盗塁数100は、越えるのが難しい高い壁だ。20世紀以降の近代大リーグでは長い間、誰もこの壁を越えられなかった。でも1962年、ついに近代大リーグ史上初めてこの壁を越える男が現れた。ロサンゼルス・ドジャースのモーリー・ウィルスが104盗塁を達成したのだ。

さて。ノースダコタ州ファーゴに到着した私は、市内にあるノースダコタ州立大学を訪ねた。駐車場に車を入れ、キャンパスの端にあるニューマン球場（Newman Outdoor Field）まで歩いて行った。

ところで。米国には昔から、大リーグとその傘下のマイナー・リーグとは別に独立リーグという野球組織がある。この独立リーグでプレーしているのは大リーグやマイナー・リーグからお払い箱となった選手たちや、大リーグを目指す若い選手たちだ。独立リーグに加盟する球団は全米各地にあるが、ファーゴにもある。１９９６年に創設されたファーゴ・ムーアヘッド・レッドホークス。この球団の本拠地球場がニューマン球場だ。そして、この球場の1階にモーリー・ウィルス博物館がある。近代大リーグ史上初めて高い壁を越えた男の博物館がどうしてこんなところにあるのか？　実は、この独立リーグ球団が創設されたときからウィルスはコーチを務めたりしてかかわりを持ち続けてきたのだ。

ニューマン球場の周囲は静かだった。試合のない日なのだろう、人影がない。球場の正面入り口ドアに鍵はかかっていなかった。私はドアをそっと開けた。

広い廊下が奥へと続いていたが、ドアのすぐ左手に部屋があった。それがモーリー・ウィルス博物館だった。博物館のドアは開いていたが、中に入ってイイのかどうかわからない。私は廊下の奥に向かって叫んだ。〝すみませ〜ん、どなたかいませんかぁ〜〟。廊下の先の部屋から青年が顔を出した。ヤケに人懐っこい顔の青年だ。〝この博物館を見学したいんですけど〟。青年はニコッとして答えた。〝どうぞ、自由に見学してください〟。へぇ、タダなのかぁ。

小学校の教室ほどの広さの、小ぢんまりとした博物館だった。ウィルスが大リーグで使用していたユニホームや野球道具が展示されている。一番奥にはテレビがあり、老いたウィルスが話し続けるビデオが流れている。私はテレビに近づいていった。

ウィルスは深遠な話などしていなかった。屈託のない顔で楽しそうに思い出だけを語っ

このニューマン球場の中に博物館が

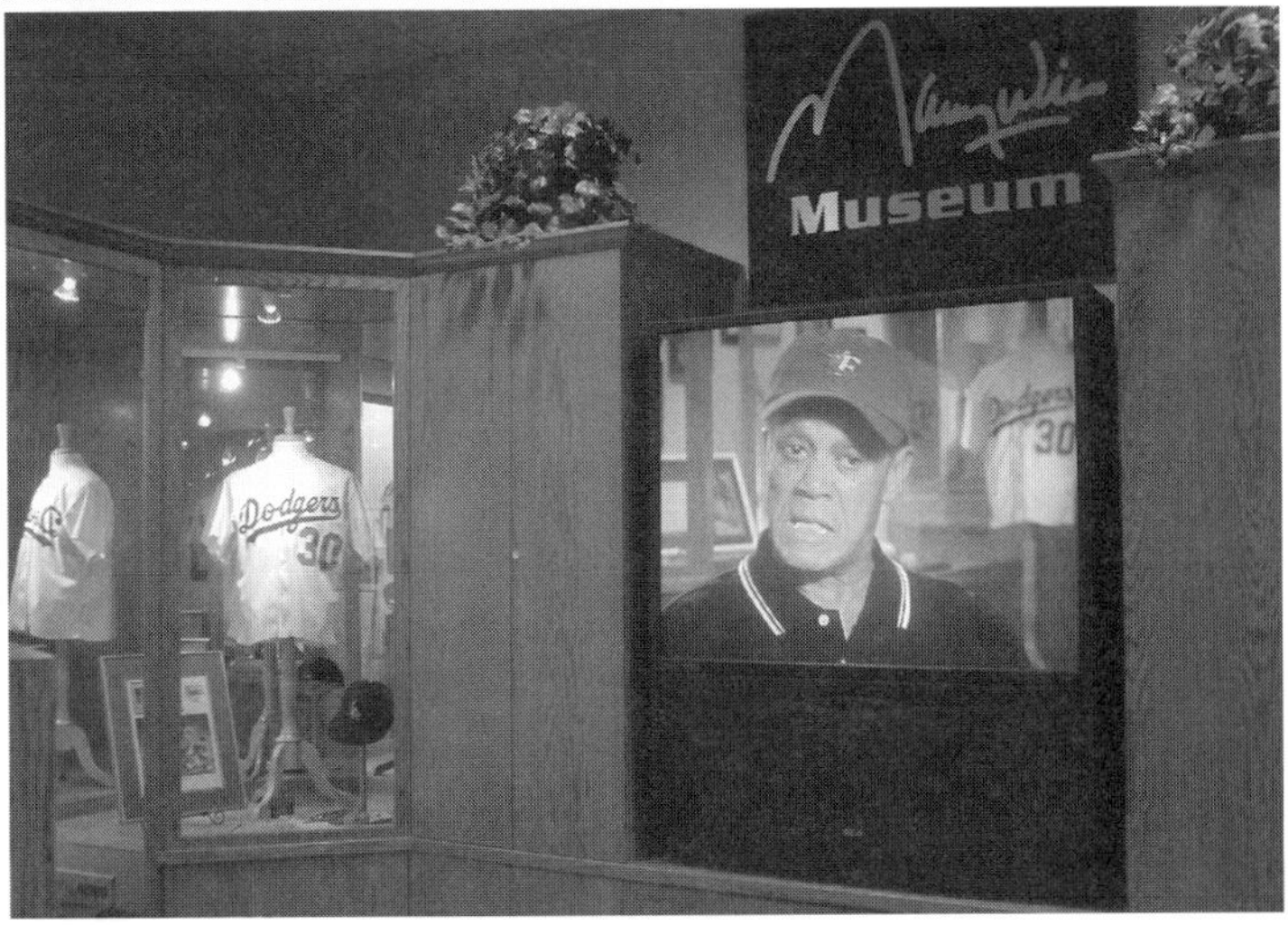

ビデオで語り続けるモーリー・ウィルス

ていた。……ドジャース時代は楽しかったよ。みんながドンドン走れと言うから走ったら、いつのまにか盗塁数が増えていたんだ。ホントに楽しかったね。

高い壁を初めて越えたウィルスなのに「野球の殿堂」入りの栄誉には浴していない。ウィルスが高い壁を越えたのは1回だけで、生涯通算盗塁数は歴代15位にも届かないのだ。ウィルスの後、３人の男が壁を越えている。２人は３回も越えている。「野球の殿堂」入りの栄誉に浴した男も２人いる。

私は小ぢんまりとした博物館の中でウィルスの話を聴きながら思った。〝それでも高い壁を初めて越えて歴史を動かしたのはウィルスだもんな。そういう男が「野球の殿堂」とは無縁の場所で楽しそうに思い出を語っているのは悪くないよな。物事を楽しみながらやった男が歴史を動かしたというのも悪くないよな〟。

『ニューヨーク・タイムズ』の方針

ジョージ・ベクシー著『野球　アメリカが愛したスポーツ』（２００７年、ランダムハウス講談社、訳・鈴木泰雄）は素晴らしい本だ。大リーグに興味のある方や、これから大リーグに興味を持ってみるかと思っている方にとっては必読の書。

ところで、この本の中にチョット考えさせられる文章がある。「私が勤める『ニューヨーク・タイムズ』紙は、ニュースを作るのではなく報道するのが記者の務めという考えから、いかなる賞に対しても記者の投票を禁じるという賢明な方針を採用している」。この文章を読んで、〝たしかに賢明な方針だ。さすが『ニューヨーク・タイムズ』だ〟と感心する方がけっこういるだろう。でも、私は感心なんかしない。私は『ニューヨーク・タイムズ』が好きだけど、この方針は賢明とは思えないのだ。

記者がニュースを捏造《ねつぞう》したり、事実をねじ曲げたりして報道したら大問題だ。そんなことをしたら、私は〝ニュースを作ったりすんなよ！〟と頭に来る。でも、記者が賞に対して投票することがニュースを作ったことになるなんて思わない。投票結果を捏造せず、ねじ曲げもせず、事前に公正な投票で決めると公表されていればだけど。そうであれば、私は頭に来ない。むしろ、記者が投票することを奨励したいくらいだ。

大リーグのMVP（最優秀選手賞）の選考は全米野球記者協会の会員の投票で行われる（でも、『ニューヨーク・タイムズ』の記者は社の方針に従って投票しないわけだ）。この選考方式は事前に公表されているし、投票結果を捏造したりねじ曲げたりしていないことは誰もが認めている。で、私はこの選考方法には何の問題もないと思う。ところが、私は投票結果には頭に来ることが多い。私が考えていた選手とは違う選手が選ばれることが多いからだ。これにはホントに頭に来る。私のような大リーグの熱烈なファンは一家言を持っているので、誰がどの選手をＭＶＰに選ぼうが頭に来ることが多いのだ。となれば、そういう怒りは公器たる新聞の記者が堂々と引き受けるべきではないのか。そのくらいの度胸と誇り（？）を新聞の記者は持つべきではないのか。『ニューヨーク・タイムズ』にはそうした度胸と誇り（？）がないのか。……これって、もちろん半分冗談。残りの半分は本気だけど。

現役引退、奇妙な因縁

２００９年を最後に現役引退を正式表明した大リーガーがいる。たとえば超有名なランディ・ジョンソン、フランク・トーマス、トム・グラビンなど。さらに、本人は現役続行を希望しているのに契約してくれる球団がないので引退に追い込まれるかもしれない大リーガーもいる。で、大リーガーの引退についてチョット書いておこうと思う。

２００８年に96歳で亡くなったスタッズ・ターケル。実に多彩な才能の持ち主で、ラジオ番組の司会を長年務めたり、名インタビュアーとして聞き書き本を何冊も出し、『よい戦争』（１９８５年、晶文社、訳・中山容）ではピュリツァー賞まで受賞した。……日本の若年層ではターケルの聞き書き本を一冊も読んだことがない人が圧倒的に多いみたい。で、一言。村上春樹は自身の有名な聞き書き本『アンダーグラウンド』（1997年、講談社）の〝あとがき〟に、ターケルの本から有益なヒントを得たと記していますよ。これで、村上春樹の大勢の若い愛読者がターケルの本も読むようになったら嬉しいんだけど。

ところで、ターケルの多くの聞き書き本の中に『仕事！』（1983年、晶文社、訳・中山容ほか）というのがある。色々な職業の人たちから聞き書きした本だが、現役大リーガーからも一人だけ選んでいる。スティーブ・ハミルトン。これはイイ人選だ。さほど有名ではないが、そこそこ活躍したリリーフ投手なので平均的な大リーガーの代表となるから。

さて、ハミルトンの言葉の中から引退に関連したものを。「かなりの野球選手は引退後の身の振り方について真剣に考えてますよ。野球をやめてからの生活を意識しすぎてるんじゃないかって時々批判されるほどね」。さらに「檜《ひの》舞《き》台でプレイできなくなったとき、友だちになってくれるものなんていないってことがわかります」。……身につまされる発言だけど、人間は誰でも同じなんだという感じがしてきません？

ここで、大リーガーから引退に関することまで聞き書きしたターケルについて興味深いことをひとつ。多彩な才能に恵まれたターケルは俳優として映画『エイトメン・アウト』（1988年）にも出演している。この映画は、1919年に実際に起こった八百長試合事件を扱ったもの。８人の大リーガーが八百長試合に関わったとして追及された。結局、その８人は永久追放という形で引退させられることになる。そしてターケルが演じているのは、大リーガーの八百長を追及する新聞記者。……人には奇妙な因縁というものがあるんですね。

特別な人ビリー・マーチン

２０１０年7月、ジョージ・スタインブレナーが逝った。１９７３年からニューヨーク・ヤンキースのオーナーとして君臨し、選手の服装にまで口出しするわ、気に入らない監督はすぐに解雇しちゃうわ、解雇しちゃった監督を平気で再び監督として雇っちゃうわ、という破天荒《はてんこう》な人物だった。そんなスタインブレナーと軋轢《あつれき》を繰り返したことで有名な人物がいる。

ビリー・マーチン。ヤンキースの選手として活躍した後、他球団を渡り歩いて１９６１年を最後に現役引退。その後、数球団の監督を歴任し、１９７５年にスタインブレナーからヤンキースの監督として雇われた。

ところで、ビリー・マーチンもスタインブレナーに負けず劣らず破天荒だった。現役時代から酒好きと喧嘩っ早いことで有名で、しょっちゅう乱闘騒ぎを起こしていた。ヤンキースの監督になってからも、これは同じ。オーナーお気に入りの主力選手とベンチで取っ組み合いの大喧嘩までしている。

それはともかく。ビリー・マーチンは結局、スタインブレナーからヤンキースの監督として5回雇われ、5回解雇されることになる。そんなことをするスタインブレナーも凄いが、それを受け入れるビリー・マーチンも凄い。スタインブレナーから何をされようが、ビリー・マーチンはヤンキースに対する強い愛着を持ち続けていたのだ。

そんなビリー・マーチンが1989年のクリスマスに交通事故で死んだとき、生前の酒好きや短気さに焦点を当てた報道記事が多く出た。でも、そうした記事とは全然違う、グッとくるコラムをボブ・グリーンが書いた。「特別な人ビリー・マーチン」(『アメリカン・スタイル』所収、1991年、集英社、訳・菊谷匡祐)。

ボブ・グリーンが生まれ育った街には大リーグ球団はなかった。でも、そんな街に1950年代半ば、ヤンキースがエキシビション・ゲームのためにやってきた。この遠征に主力選手は来なかったのに、ビリー・マーチンは来て懸命にプレーしてくれた。それは、ボブ・グリーン少年にとっては夢のような出来事だった。

私はボブ・グリーンと同じ1947年生まれだ。そして1955年、8歳の私は来日したヤンキースの試合を観た。痩せた内野手、ビリー・マーチンが懸命にプレーしていた。

酒好きで喧嘩っ早いなんて様子は微塵も感じられなかった。夢のような出来事だった。それ以来、私は大リーグの熱狂的ファンになった。……私にとってもビリー・マーチンは特別な人なのだ。

ビリー・マーチンのことを特別な人と思っているのはボブ・グリーンと私だけではない。

オークランド・アスレチックス監督時代のビリー・マーチンは機動力を活かした攻撃的な野球を指揮したが、この野球スタイルを特別なものと思っている人々がいる。そういう人々は、この野球スタイルを「ビリー・ボール（Billy Ball）」と名付けて後世に伝えている。この「Billy Ball」という言葉はチョットした英和辞典になら載っている。大リーグの人物に由来する言葉が一般の英和辞典に載っているのは珍しいので、皆さんも一度御覧になってください。

さらに、米国映画『オーシャンズ13』（2007年）。ジョージ・クルーニー、ブラッド・ピットといった人気俳優が出演した映画だが、登場人物たちが会話の中で突然、何の脈絡もない感じで〝ビリー・マーチン〟と言う。大リーグの歴史を知らない人は、この科白の意味がサッパリわからず戸惑ったようだ。ビリー・マーチンはヤンキースの監督を解任された後、再びヤンキースの監督として雇われチャンスを与えられた。で、この〝ビリー・マーチン〟は〝もう一度チャンスを与える〟という意味のスラングとなる。

この映画を作った人たちにはビリー・マーチンに対する特別な思い入れがあるのだろう。で、〝ビリー・マーチン〟という新しいスラングを考えて使うことにしたのだろうが、このスラングはまだ辞書に載るほど普及はしていない。いつか辞書にも載るようになってほしいと思う。

〝火の玉投手〟の故郷を訪ねて

2010年の夏。米国でドライブ旅行をしていた私は、アイオワ州のマディソン郡に立ち寄った。もちろん『マディソン郡の橋』で有名になった屋根付き橋、ローズマン・ブリッジを見るためだ。

『マディソン郡の橋』（ロバート・ジェームズ・ウォラー著、1993年、文藝春秋、訳・村松潔）は、屋根付き橋を撮影するためにやって来たカメラマンと地元の人妻の不倫というか純愛を描いた世界的ベストセラー小説（不倫と純愛が両立することがたまにあります。念のため）。この小説を基にした同名の映画（1995年。カメラマンに扮するのはクリント・イーストウッド）も大ヒットした。

私は1時間ほどかけてローズマン・ブリッジを撮影した。すっかりクリント・イーストウッドになった気分で。映画の中でクリント・イーストウッドはニコンの立派なカメラを使い、私は小さなデジカメだけど、そんなの私にとっては些細な違い。そうそう、私が撮影している間に米国人観光客が絶え間なくやって来た。映画公開から15年も経つのに人気は衰えていないみたいだ。

撮影を終えて車に戻った私は、次はどこに向かってドライブするかと考えながらアイオワ州の地図をポケーッと眺めていた。と、その時、とんでもないことに気付いた。マディソン郡のすぐ北はダラス郡なのだが、そのダラス郡の南端に（つまりマディソン郡に接するように）バン・メーターという小さな市があるではないか。これは行ってみるしかないだろう。バン・メーターは大リーグの歴史に燦然と輝く名投手、ボブ・フェラーの故郷として有名なのだ。……凄い豪速球を投げたボブ・フェラーは〝火の玉投手〟と呼ばれた。

ボブ・フェラーは自分の故郷の近くにあるマディソン郡の橋が世界中で有名になったことに驚いたに違いない。どうでもイイことだけど、ボブ・フェラーはローズマン・ブリッジを見たことがあるのだろうか？　たぶん、あるだろう。なんせ、すぐ近くなんだから。

さて。バン・メーターに行ってみると、「ボブ・フェラー故郷展示館」なるものがあった。こぢんまりとしているが綺麗な建物だ。入り口近くに置かれた巨大な野球ボールはボブ・フェラーのサイン入りだ。

この展示館の中で私は1時間ほど過ごしたが、その間、私以外には誰も見学客は来なかった。ローズマン・ブリッジとはエライ違いだ。大リーグの歴史に燦然と輝く名投手も不倫・純愛物語には敵わないみたい。

展示館に入った瞬間、〝こりゃナンダ?〟と思った。いきなり土産品陳列コーナーなのだ。これってチョット商売っ気がありすぎるんじゃないか? でも、そこで受付係を兼ねていたのは実に人の良さそうな白人のオバサンだった（オバアサンといった方がイイかもしれない）。私が〝日本から来た大リーグの熱狂的ファンです〟と言うと、〝あらまぁ!〟とビックリしていた。そして、〝入場料は幾らですか?〟と尋《たず》ねると、〝無料でイイのよ〟とのことだった。わざわざ日本から来た私だから無料にしてくれるのか、誰でも無料なのかは訊かないことにした。

奥に入って展示物を見学。大リーグ史上最年少で先発レギュラー投手となった17歳時の写真。私が心底惚れた唯一人の大リーガー、テッド・ウィリアムズと一緒の写真（ちなみに、ボブ・フェラーとテッド・ウィリアムズは二人とも1918年生まれ）。ベーブ・ルースとの因縁映像。でも目玉は、3回達成した無安打試合を記念した写真や記念盾のコーナー。なんせ3回のうち1回は大リーグ史上唯一の開幕戦での無安打試合ときているのだ（クリーブランド・インディアンスの投手だったボブ・フェラーが1940年4月16日に対シカゴ・ホワイトソックス戦で達成。敵地コミスキー・パークで1対0）。

展示館の前に置かれた巨大な野球ボール

無安打試合に関する展示コーナー

見学を終えて土産品陳列コーナーに戻った私は、変なことに気付いた。展示物コーナーより土産品陳列コーナーの方が広そうなのだ。しかも、陳列している土産品ときたら、ボブ・フェラーのサイン入り写真といった品だけではなく、他の大リーガーたちのパネル写真、サイン入りボール、サイン入りバットなどがヤケに沢山あるのだ。わざわざボブ・フェラーの故郷まで来て他の大リーガーのものを買う人なんているのか？　私はボブ・フェラーのサイン入り写真だけを買った。1枚20ドルのものを3枚。

私は〝ボブ・フェラーは色々と物入りで大変なのかなぁ。で、他の大リーガーたちに物品提供を頼んだり、せっせと自分の写真にサインを入れる日々を送っているのかなぁ〟と思ったりした。

私のバン・メーター訪問から数ヵ月後の２０１０年12月、ボブ・フェラーは白血病で亡くなった。享年92。合掌。

第28代大統領がしたこと

２００９年のワールドシリーズ終了後に或る〝事件〟が明るみに出た。

その年のワールドシリーズはニューヨーク・ヤンキース対フィラデルフィア・フィリー

ズだった。〝事件〟が起こったのは、ヤンキー・スタジアムで行われた第1戦。

その試合をニューヨーク州知事のデビッド・パターソンが家族や側近らと一緒に観戦していた。チケット一枚が数万円もする席で。このチケット代を自分で払っていれば、もしくは招待されていたのであれば問題ないだろう。ところが、自分から〝知事の公式観戦だ〟と調子のイイことを言ってヤンキースにチケットをタダで提供させていた疑いが浮上し、翌年になってから告発されたのだ。……この告発がどういう結果になったのか私は知らないけど（知りたくもないけど）、こういう疑いを持たれただけで政治家にとってはマズイだろう。

ところで、大リーグには野球の地位向上と人気浮揚のために政治家の力を借りたという歴史がある。試合を観戦する大統領、州知事、連邦議員らの姿を一般市民に伝えたのだ。このテはワールドシリーズの人気を煽るためにも使われた。でも、今はそんなテを使う必要などない。時代は変わったのだ。政治家が観戦しようがしまいが大リーグの試合を観たい人は観るし、ワールドシリーズを観たい人は観る。

米国の政治家の皆さんだって、自分たちの立場の微妙な変化をきちんと嗅ぎ取らなくっちゃ。今は大リーグが政治家の力を借りるんじゃなく、政治家が大リーグの力を借りる時代になったのかもしれないってこと。政治家が球場に足を運ぶと、庶民感覚を持った人だと一般市民に好感を持たれる可能性があるんだから（このテを使っている政治家はけっこういますよ)。こういうことに気付けば、招待されたわけでもないのにタダで観戦しようなんてミミッチイことは考えないはずなんですよ。

ワールドシリーズを観戦するために球場に出かけた最初の大統領は、第28代大統領ウッドロー・ウィルソン。1915年のことだ。そのときウィルソンがきちんと自分でチケット代を払ったのは有名。この事実をニューヨーク州知事は知らなかったのかも。政治家は歴史から学ばないとダメなのに。

ウォーレン・スパーン賞

1999年から毎年、大リーグで最も活躍した左腕投手に賞が贈られるようになった。ウォーレン・スパーン賞。左腕投手としては大リーグ史上最高の通算勝利数363のウォーレン・スパーンを記念した賞だ。

ところで、ウォーレン・スパーン賞はオクラホマ州にある「オクラホマ・スポーツ博物館」が贈る賞だ。でもウォーレン・スパーンはオクラホマ州の出身ではないし、オクラホマ州には大リーグ球団があるわけでもない。ただし2003年に82歳で亡くなったウォーレン・スパーンは晩年をオクラホマ州で過ごし、遺体もオクラホマ州の墓地に埋葬されている。それだけの縁が理由でウォーレン・スパーン賞を設けたわけ？　こりゃ「オクラホマ・スポーツ博物館」に行って調べてみるしかないと思った私は、２０１０年の夏に行ってきた。

博物館は、オクラホマ州の州都オクラホマシティーからチョット北のガスリーという小さな市にあった。博物館の外観をパチパチ撮影してから中に入ると、受付係の白人のオバサンがヤケにぶっきらぼうな口調で声をかけてきた。〝アンタ、外で熱心に写真を撮ってたようだけど、ジャーナリスト？〟〝いや、日本から来たただの観光客ですよ。中の写真も撮ってイイですか？〟。ヤケにぶっきらぼうな答えが返ってきた。〝お金を払えばね〟。写真撮影に金なんか要求されてビックリしたが、入場料の5ドルを払えということだった。そんなの払うに決まってんだからさ、変に驚かさないでほしいなぁ。

博物館の外観はなんだか貧弱な感じなのだが、中に入るとけっこう広くて立派だった。私がオバサンに〝この博物館はどうしてこんな小さな市にあるんですか？〟と訊ねると、〝わかんないわね〟ときた。〝スパーンとこの市には何か関係でもあるんですか？〟〝何もないと思うけど〟〝どうしてこの博物館がウォーレン・スパーン賞を贈るんですか？〟〝スパーンがオクラホマ州で暮らしていたからじゃないの〟〝どのくらいの期間暮らしていたんですか？〟〝隣の部屋がスパーン専用展示室になっているから自分で調べてみるとイイわね〟。

オクラホマ・スポーツ博物館の外観

ウォーレン・スパーンの
巨大なブロンズ像

その部屋に入った途端、ビックリ。部屋のド真ん中に、実物より大きなスパーンのブロンズ像がド〜ンと置いてあるのだ。圧巻！

では、展示してある文書を読んでわかったこと。どういうわけかスパーンはオクラホマ州が気に入ったらしく、2003年に82歳で亡くなるまで50年以上にわたってオクラホマ州に居を構えていた（ただし、博物館のあるガスリーではない場所）。で、オクラホマ州の人々から本物の〝オーキー〟（生粋《きっすい》のオクラホマ人を意味する言葉）と認められるようになった。さらにだ、スパーンの死後2年経った2005年4月23日（スパーンの誕生日に相当する日！）に、4月23日を〝ウォーレン・スパーンの日〟とすることを州議会が公式宣言している。……つまり、スパーンはオクラホマ州が誇るオーキーとなっているようだ。となれば、ウォーレン・スパーン賞を設けて贈るようにもなりますね。

私が文書を懸命に読んでいると、オバサンがやって来て、〝そろそろ私のランチタイムだから閉めたいんだけど〟だって。で、この小さな市に博物館がある理由はわからないまんま。そして、他のスポーツの展示物は一切見ずにオシマイ。

ヘミングウェイの真意

アーネスト・ヘミングウェイの有名な傑作小説『老人と海』。主人公の老人のことを心配し、良き話し相手となっている男性が登場する。名前はマノーリンだが年齢は書かれていないし、名前ではなく「boy（ボーイ）」という表現で済まされている箇所のほうが遥かに多い。

この小説の日本語訳で私が知っているのは福田恆存訳（新潮文庫）と野崎孝訳（集英社版 世界文学全集77所収）。どちらも、さすがと唸らせるほどの名訳だ。でも、どちらにも私が昔から気にしていることがある。「ボーイ」を「少年」と訳し、マノーリンが口にする言葉を子供っぽい日本語にしていること。

「ボーイ」という英語は「若者」という意味で使われることもあるし、米国では実際にトシいった人が若者のことを「ボーイ」と呼ぶことはいくらでもある。そして、『老人と海』のマノーリンは「少年」ではなく20代の「若者」とした方がイイのではないかと私には思える箇所がたくさんある。簡単に説明できる例をあげておくと、マノーリンが老人にビールをおごる箇所。子供っぽい「少年」よりは20代の「若者」が老人にビールをおごるとした方が違和感が少ないと私には思える。

さらに、老人とマノーリンの会話の中に大リーガーのディック・シスラーのことが出てくる。このディック・シスラーの〝父親〟の名前は書かれていないが、マノーリンがディック・シスラーの〝父親〟についてこう言っている。「ぼくくらいの年のときには、もう大リーグに入っていたんだよ」(これは福田恆存訳だが、野崎孝訳は表現が違うだけで意味は同じ)。ところで、この〝父親〟とはジョージ・シスラーのことだ。イチローが２００４年に破るまで年間安打２５７本という大リーグ記録を持っていた男で、大リーグに入ったのは大学で学んだ後の22歳のとき。

この原稿を書くにあたってインターネットで調べてみたのだが、私と同じような指摘をしている米国人もいるようだ。でも英語本なら「ボーイ」を「少年」と思うか「若者」と思うかは読者の受けとめ方次第ということになるが、日本語訳ではそういうわけにはいかない。

私はズッと『老人と海』を英語でも日本語訳でも愛読してきた。そして、ズッと大リーグの熱狂的ファンだ。そうした私には或る想いがある。……福田恆存訳も野崎孝訳も文学として優れているけど、マノーリンを20代の「若者」とした日本語訳もいつか読んでみたい。

オクラホマ州コマース

２０１０年の夏、私は米国でドライブ旅行をした。その際、いつか訪ねてみたいとずっと思い続けていた場所にも行ってきた。オクラホマ州北東部の街、コマース。大リーグ通の方々ならピンとくるだろう。そう、あのミッキー・マントルの故郷として有名な街だ。

ミッキー・マントルは1950〜60年代にニューヨーク・ヤンキースで活躍した選手で、大リーグ史上最高のスイッチヒッター（右投手に対しては左打席で、左投手に対しては右打席で打つ選手）。生涯通算本塁打536本は大リーグ史上第18位だが、スイッチヒッターとしては第1位。この記録を破るスイッチヒッターはおそらく現れないだろう。1956年には三冠王（打撃主要3部門の打率、本塁打、打点でトップ）にもなっている。スイッチヒッターで三冠王になった大リーガーはミッキー・マントルだけだ。

ちなみに1955年に来日したヤンキースのメンバーの中にミッキー・マントルもいたので、8歳だった私はナマでミッキー・マントルのプレーを観た。そして、そのパワーの凄さを今でも憶えている。

さて。オクラホマ州は米国本土の真ん中からチョット南に位置していて、見るべきものなど殆《ほとん》どない真っ平らな土地が延々と続く。私はそうしたところをひたすら走った。コマースに辿り着いたのは夕刻。疲れ切ってヘレヘレになったので、すぐにモーテルにチェックイン。

翌朝、まずはコマースという街がどんなところか概観するためにノンビリと車を走らせてみた。ミッキー・マントルの故郷は小さな街と言われているけど、意外と大きい街なの

「ミッキー・マントル通り」という表示

でビックリ。実際に来てみないとホントのことはわかんないもんです。そろそろ本格的に見て回ろうとしたところで、或ることに気付いた私は〝おいおい、またかよ〟と思った。目抜き通り（といっても、どれが目抜き通りなのかよくわかんないので、正確には、目抜き通りみたいな道路）が「ミッキー・マントル通り」と名付けられているのだ。……米国って、街の誇りとなっている有名人の名前を道路の名として使うのがヤケに好きなんです。そういう道路がそこいらじゅうの街にあると言ってもイイくらいです。

〝おいおい、またかよ〟とは思ったが、証拠写真は撮っておきたい。道路の名がハッキリ記されているのは交差点だから、交差点のド真ん中に立って撮影するのが一番イイ。で、私は覚悟を決めた。車が来たら一巻の終わりという危険も顧《かえり》みずに命を懸けるしかない。

……真っ赤な嘘。走っている車の数は少ないから、撮影なんて実に簡単で楽勝。

いよいよ本格的な見学開始。まず、ミッキー・マントルが少年時代を過ごした家。きちんと保存されているはずなのだ。でも、どこにあるのかわからない。こういう場合は、パトカーの警官に訊くのが一番。目的の場所まで先導してくれたりもするから。ところが、なかなかパトカーが見つからない。で、ガソリンスタンドで教えてもらうことにした。教えてもらう代わりにガソリンを入れないとマズイのではとか、何かを買わないと申し訳ないのではと考える必要なんて一切ない。〝遠路はるばる日本から来たんです〟が殺し文句になるのだ。従業員のオバサンにこの殺し文句を言うと、案の定、オバサンはビックリした様子で〝あんたって、ミッキー・マントルの家を見るために日本からわざわざ来たの？〟と言いつつ、実にわかりやすい地図まで書いてくれた。

地図を頼りに車をゆっくり走らせていた私は、〝アレ？〟と思った。道路脇に小さな野球場があったのだが、その野球場の横に立った小屋にマントルという文字が見えたような気がしたのだ。ひょっとするとミッキー・マントルに因《ちな》んだ野球場かもしれない。こりゃ確かめてみなくっちゃ。私はすぐに車をとめた。

リトル・リーグ用の野球場だった。造られたのは1955年だが、1994年にミッキー・マントルの父親（通称・マット）を記念して「マット・マントル野球場」という名前にしたと記してある。へぇ、ミッキー・マントル本人じゃなくて父親の名前が付いた野球場かぁ。私はチョット驚いた。でも、その驚きはすぐに消えた。マントル父子の有名なエピソードを思い出したからだ。

「マット・マントル野球場」という表示

炭鉱労働者だったマットは仕事から帰ると毎日、日が暮れるまで息子のミッキーに野球を熱心に教え続けた。……そういう父親の名前が付いたリトル・リーグの野球場があるのってイイと思いません？

ふたたび車を走らせてミッキー・マントルが少年時代を過ごした家に向かった。

車を走らせながら気付いたことがある。米国の中流階級の家が立ち並ぶ小綺麗な郊外ではなく、何となく暗い感じがする界隈ということ。道路は細く、舗装も粗い。そうした道路からチョット奥まったところに、その家はあった。木造1階建ての家。マントルが3歳から13歳までの10年間を両親や4人のきょうだいと

ミッキー・マントルが少年時代を過ごした家

一緒に過ごした家だ。でも、〝ここがマントルの少年時代の家です〟といった看板などは一切ない。

ドアには鍵がかかっていて、中に入ることはできない。これじゃ何のために保存しているのかわかんないなぁと思ったが、家の周囲を歩きながら窓を通して中の一部を覗けるようになっている。覗き見ることができた部屋はどれも狭かった。

鍵のかかったドアには一枚の銘板が貼られていた。その銘板には、大リーグ通なら誰もが知っている話が記されている。……マントルが5歳か6歳になった頃、父のマットは仕事から帰ると家の横の庭でマントルに打撃の練習を毎日させるようになった。日が暮れて暗くなるまで。そうした練習に祖父が加わることもあった。マントルに向かって父は右手で投げ、祖父は左手で投げた（これが、大リーグ史上最高のスイッチヒッターを誕生させることになる）。父の夢はマントルを一流の野球選手にすることだった。その夢は叶い、マントルはヤンキースで華々しい活躍をして〝コマースの彗星〟と呼ばれるようになった。

私は失礼とは思ったが、車を道路から家の前に乗り入れた。マントル父子が大きな夢を抱きながら暮らした家のサイズがハッキリとわかるような写真を撮るために。

次は、ミッキー・マントルを記念して名付けられた「ミッキー・マントル野球場」。立派なフェンスできちんと囲まれ、グラウンドの土も芝も良く手入れされている。私が訪ねたときは試合は行われておらず、人っ子一人いなかった。私は写真をパチパチ撮った。色々な角度から撮影したいので、球場の周りを歩きながら。そして、バックスクリーンの裏にまわったところで、思いもかけないものを発見することになった。ミッキー・マントルの銅像。そんなものがあるなんて私は知らなかったのだ。……何であれ裏も見ないとダメということです。

その銅像を見た瞬間、私は〝おいおい、こんな中途半端な銅像でイイのかよ〟と思った。ミッキー・マントルは大リーグ史上最高のスイッチヒッターなのに、銅像は右打席で打っている姿だけなのだ。〝そんじゃ、銅像のそばでオレが左打席で打っている姿をすれば見事完成ってことになるよな。そんでもって誰かに写真を撮ってもらえばサイコーだ〟

右打ち姿のマントルと、左打ち姿の私

と思った私は、チョット離れたところをヒョコヒョコ歩いているオジサンを見つけた。事情をオジサンに説明すると、こう言われた。〝君は日本のコインを持ってないかい?〟。変なこと訊く人だなぁと思ったが、正直に答えた。〝持ってますよ〟〝見せてくれないかい?〟。私は財布から5円玉と50円玉を出して見せた。真ん中に穴があいているコインなんて珍しいと思うだろうから。コインをジッと見つめるオジサンの顔を見ていた私は、オジサンはコインが欲しいのだとわかった。で、あげることにした。写真を撮ってもらう手前、そうしないわけにはいかないだろう。

　銅像のそばで私がポーズをとり、オジサンが私のデジカメで写真を撮った。すぐに確認してみると、逆光なうえに銅像と私の姿が小さすぎる。でも、撮影のし直しは頼まなかった。そんなことしたら、〝君は日本の紙幣を持ってないかい？〟なんて言われそうな気がしたから。

どうしてなのかわからない

先日の夜。米国映画『暗殺者』（１９９５年）のＤＶＤを観ていた私は、或るシーンで〝チョット待てよ〟と思った。主人公の殺し屋がシアトルのホテルのコンピュータを秘かに操作して、たまたまシアトルに遠征に来ていたＮＢＡ（全米プロバスケットボール協会）の有名チーム、シカゴ・ブルズが20部屋を使用していることを知るというシーン。このシーンを観た瞬間、私は大リーグの球団はどうなんだろうと思ったのだ。

こういうとき、私はすぐに行動に移ることにしている。で、すぐに大リーグの30球団すべてに質問メールを送った。「遠征先のホテルには何部屋予約を入れるのですか？」。

返事メールが来たので紹介しよう。ロサンゼルス・ドジャース「ハロー、マキオ。我々は、選手、コーチ、フロント、広報担当、医療班、放送担当、ラジオ技術班などのために60〜65部屋を予約します。しかし、選手の家族や友人のために部屋を用意する必要もあったりするので、普通は70〜75部屋を予約します」。フィラデルフィア・フィリーズ「ミスター・ムカイ。我々は通常、遠征先では一晩に55〜60部屋を使います」。ボルチモア・オリオールズ「親愛なるミスター・ムカイ。遠征人数は一定しませんが、どこに遠征するときも50〜65部屋は予約します」。サンフランシスコ・ジャイアンツ「お問い合わせありがとうございます。我々はおよそ50〜60部屋を予約します」。ヒューストン・アストロズ「ミスター・ムカイ。私は80部屋を予約すると聞かされています」。シカゴ・カブス「ハーイ、マキオ。カブスにメールをくれてありがとう。我々はそういうことは公にしないんだ」。

これでオシマイ。つまり、返事をくれたのは30球団中6球団だけ。回答率は20％。私は米国に関することで何か知りたいと思ったら質問メールを送りまくるという趣味を持っている。そして、返事メールをバンバン貰っている。そんな私からすれば、この回答率の低さはヒドイ。

私は質問メールに『暗殺者』のことは書かなかった。そんなこと書いたら、私を殺し屋と思って怖がるかもしれないから。そこまで私は気遣ってあげたのに、返事をくれない球団が多かったのはどうしてなのかわからない。アチラさんはアチラさんで、〝コイツがこんなことを知りたいなんてどうしてなのかわからない〟と思ったのかもしれないけど。

……たしかに、知ったからって何の役にも立たないことだしね。

マット、クリス、……ジョン

私は、２０１１年の開幕戦でベンチ入りした大リーガー（各球団25人で、球団数30なので、合計７５０人）の登録名を一人一人調べてみた。苗字ではなくファーストネーム。どういう名前の選手が多いのか知っておくのも悪くないと思ったから。ここで、その結果から幾つか。

上位にくる代表例を２つあげておきます。まず、22人もいるマット（Matt）。Matt というのは通称で、元々は Matthew（もしくは Mathew）。イエス・キリストの使徒12人のうちの一人、マタイの英語表記と同じなんです。

次は、18人もいるクリス（Chris）。これは２つの名前の通称で、元々は Christian（クリスチャン。説明不要なほどにキリスト教関連）と Christopher（クリストファー。キリスト教では有名な殉教者クリストフォロスの英語表記）。

ところで、私は友人たちに訊いてみた。〝米国人男性のファーストネームですぐに思い浮かべるのって何?〟。一番多かった答えはジョン。

ジョン（John）は、ヨルダン川でイエス・キリストに洗礼を与えた洗礼者ヨハネの英語表記と同じです。もう、キリスト教との関連はモロなうえに畏《おそ》れ多いことこのうえなし。そんじゃ、開幕戦でベンチ入りした大リーガーの中にジョンは何人いるのか？　10人だけで上位に入らない。ところが、洗礼者ヨハネのスペイン語表記Juanという名前の男が7人いる。合計すると17人ということになって、上位に食い込んでくるんです。

米国のようにキリスト教信者の方々が多い国には、キリスト教と関連したファーストネームの人が多いです。しかしですね、開幕戦にベンチ入りした大リーガーというのは野球の世界じゃエリート中のエリートと言ってもイイくらいですよ。そういう大リーガーの中にキリスト教との関連がモロなうえに畏れ多い名前の男がヤケに多いのにはビックリですよ。そして、神様はそういう名前の男を依怙《えこ》贔屓《ひいき》してるんじゃないかとさえ思いたくもなります。……もちろん冗談ですからね。

キリスト教信者の方々は〝冗談にもほどがある〟と怒るかもしれない。でも、許してください。私はキリスト教には好感を持っているので。私の誕生日が洗礼者ヨハネの誕生日6月24日と同じであることを嬉しく思っているくらいです。

ミルウォーキーを訪ねて

米国中西部のウィスコンシン州。ドイツ系住民が多く、ビールの生産が盛んなことでも有名な州だ。最も大きな都市はミルウォーキー。……日本ではかなり前にビールのコマーシャルで〝ミュンヘン、サッポロ、ミルウォーキー〟というフレーズが使われていたことがありますけど、そのミルウォーキーです。

ミルウォーキーを本拠地とする大リーグ球団がミルウォーキー・ブルワーズ。〝ブルワーズ（Brewers)〟は〝ビール醸造者〟のこと。……この球団名の付け方ってノリがイイというか、周囲の期待にきちんと（？）応えてますね。

ミルウォーキー・ブルワーズの本拠地球場は30年余の長きにわたってカウンティ・スタジアムだったが、新たに建設された球場に２００1年から移った。開閉式の屋根付き球場、ミラー・パーク。

私は大リーグの球場ならどこでも一度は行ってみることにしているので、いつかミラー・パークにも行かなくっちゃと思っていた。なかなか行く機会がなかったが、２００９年の夏にやっと行くことができた。

ミラー・パークの外観

ロビン・ヨーントの銅像

ミラー・パークは実に立派で見栄えのイイ球場だった。球場の周囲には、ミルウォーキー・ブルワーズに在籍して大リーグの歴史に燦然と輝く成績を残した男たちの銅像が立っている。……ロビン・ヨーント。20年に及ぶ大リーガー人生をミルウォーキー・ブルワーズだけで全うして1993年を最後に引退し、「野球の殿堂」入りも果たした名選手だ。ハンク・アーロン。言わずと知れた、通算本塁打755本の偉大な選手。かつてミルウォーキーが本拠地だったブレーブス（のちに本拠地はジョージア州のアトランタに移った）で活躍し、現役最後の2年間は再びミルウォーキーに戻ってミルウォーキー・ブルワーズの一員だった。

ところで、ミルウォーキーは野球熱が高い。住民の方々は野球を心から愛しているし、地元の球団を熱心に応援したいと思っている。で、地元に大リーグ球団が来てくれることを待ち望んでいたが、なかなか実現しなかった。でも1953年、遂に大リーグ球団がやって来た。ボストン・ブレーブスがミルウォーキーに移って来てミルウォーキー・ブレーブスとなったのだ。本拠地球場は、できたてほやほやのカウンティ・スタジアム。ところが、ミルウォーキー・ブレーブスは1965年を最後にジョージア州アトランタに移ってアトランタ・ブレーブスとなってしまった。またしてもミルウォーキーには大リーグ球団がなくなってしまったわけだ。それから5年後の1970年、現在も存続するミルウォーキー・ブルワーズが誕生した。本拠地球場は、ふたたびカウンティ・スタジアム。

ヘルファー・フィールドの前に立つ私

２００１年、ミルウォーキー・ブルワーズの新しい本拠地球場ミラー・パークの完成・開場に伴い、すぐそばにあったカウンティ・スタジアムは取り壊された。その跡地は今、リトル・リーグ用の野球場ヘルファー・フィールドとなっている。

私はカウンティ・スタジアムの跡地の前に立ち、通りすがりの人に写真を撮って貰うことにした。どうしてもそうしたかった。そこは、かつてミルウォーキーの野球ファンたちが素晴らしい〝行為〟をした場所だからだ。その〝行為〟について私が知ったのは、或る小説の中で紹介されていたから。Ｗ・Ｐ・キンセラ著『シューレス・ジョー』（１９８５年、文藝春秋、訳・永井淳）。米国映画『フィールド・オブ・ドリームス』（1989年）の原作小説だが、この〝行為〟について映画は一切触れていない。

では、その〝行為〟を小説から引用して紹介しておこう。

〝ふと、ミルウォーキーの野球ファンにまつわる話、ある暖い秋の日の午後、来シーズンからミルウォーキーにもメジャー・リーグのチームが誕生すると発表された翌日、彼らがなにをしたかという話を思いだす。新聞の記事によれば、その日の午後一万人のファンがカウンティ・スタジアムに詰めかけてシートに腰をおろし、もうすぐグラウンドが小鳥のさえずりのように軽快な内野手たちのおしゃべりで活気づくことを知って――畏敬と、驚きと、期待と、喜びにひたって黙々と坐りながら――人っ子一人いないグラウンドに微笑を送ったという〟。

大リーグのファンに関して、これほどグッとくるエピソードは滅多にあるものではない。そして、そんなエピソードの場所の跡地を子どもたちのためにリトル・リーグ用の野球場にしているのもグッとくる。……米国における野球の存在意義を象徴しているようにも思える。

祝・ジーター3000本安打達成

全米で人気一番の大リーガー、ニューヨーク・ヤンキースのデレク・ジーターが３０００本安打を達成した。大リーグ史上28人目の快挙達成。実に立派だ。私はジーターについて辛口のことばかり書いているが、今回は素直に褒めるしかない。

で、〝一度も首位打者になったことがないのに３０００本安打を達成できたのは、ヤケに若い頃に大リーガーになって長くプレーしていたからにすぎないさ〟なんてことは口にしないで胸にしまっておこう。一度も首位打者になったことがないのに３０００本安打達成という男がジーターを含めて11人もいるんだし。そういえば、首位打者だけではなく本塁打王にも打点王にも一度もなったことがないのに３０００本安打達成という男だってジーターを含めて９人だ。

それから、〝これまでヤンキースの選手が３０００本安打を達成したことは一度もなかったのでニューヨークは凄い盛り上がりみたいだけど、それってヤンキースの勝手な事情だもんね。だって、ヤンキースの選手だったのに他の球団に移ってから３０００本安打を達成した男が３人もいるんだからさ〟なんてことも口にしないで胸にしまっておこう。

ところで。ジーターはヤンキースで大リーガーとしてデビューし、そのままズッとヤンキースにいる。つまり、一つの球団でプレーし続けて３０００本安打を達成したわけだ。こういう男は、３０００本安打達成の28人の中でジーターを含めて15人。３０００本安打なんて凄いことを達成するのは一つの球団にズッといる選手ばかりだと思いがちだが、意外とそうでもないのだ。

では、これからもジーターはヤンキースにズッといて引退することになるのか？　たぶん、そうなるだろう。そして、ジーターはそうした方が間違いなくイイ。

実は、一つの球団でプレーし続けて３０００本安打を達成してから他の球団に移った男が４人いる。通算安打が４０００本を超えたピート・ローズとタイ・カッブ、３０００本安打だけではなく５００本塁打まで達成したハンク・アーロンとウィリー・メイズ。ジーターより遥かにレベルが高い凄い男ばかり。そういう男たちの真似をジーターがしても似合いっこないのだ。……今回は私も素直にジーターを褒めるつもりだったのに。ジーターのファンの皆さん、ごめんなさい。

ハバード高校を訪ねて

２０１１年の夏。米国でドライブ旅行をしていた私は主にアラバマ州とミシシッピ州を走り回ったのだが、ついでにテキサス州もチョット走ってきた。どうしても訪ねておきたいところがあったから。人口が２０００人にも満たない小さな田舎街、ハバード。大リーグで１９０７年から１９２８年まで活躍し、偉大な記録を残したトリス・スピーカーの故郷だ。……スピーカーの通算打率３割４分５厘は大リーグ史上第６位、通算安打３５１４本は大リーグ史上第５位。

スピーカーはハバードで生まれ育ち、地元のハバード高校を卒業している。そして今、そのハバード高校には卒業生のスピーカーを記念した展示コーナーがある。となれば、大リーグの熱烈ファンとしては一度は訪ねておかなきゃマズイだろう。

ホントに小さな田舎街だった。で、すぐにハバード高校を見つけることができた。小さな田舎街の高校なのに煉瓦造りのヤケに立派な校舎だ。

私は入り口のドアを開けて中に入ろうとした。ところが、ドアには鍵がかかっている。アララ、どうなってんの？　夏休み期間中だから中に入れないわけ？　こういう場合、私は簡単には諦めない。しつこい性格なのだ。まずドアをドンドコ叩き、大声で何度も叫んだ。〝誰かいませんか〜！〟。まるっきり応答なし。次に校舎の周りをグルリと回って、泥棒みたいに忍び込める隙間やドアを探した。一切なし。ガックリしながら入り口のドアに戻ったところで、小さな紙が貼り付けられていることに気付いた。何か書いてある。読んでみると、〝水曜日と土曜日だけオープンします。緊急の場合はこちらの電話に連絡を〟といった内容だ。私はすぐに電話をかけることにした。日本から持参していた携帯電話を使って。〝こういう場合は日本から国際電話をかけるってことになるんだよな。どういう手順でやればイイんだったっけ〟と考えながら。

何とか電話が通じ、明るい声の中年男性と話をすることになった。もちろん、私には泣き落とし作戦というテしかない。〝日本からわざわざ来たんです。お願いですからドアを開けてくれませんか〟。でも、つれない返事。〝きょうは火曜日だからダメです。明日の水曜日はオープンしますから〟。仕方ないので幹線道路に戻ってモーテルを探し、一泊。

翌日。ハバード高校の入り口のドアに鍵はかかっていなかった。そっとドアを開けて中に入ると、シーンと静まりかえっていた。誰もいない。ロビーの真ん中に立ちながら〝どなたかいませんか〜!〟と大きな声を出すと、ロビー脇の図書室らしき部屋から白人のオバサンが出てきた。人懐っこいニコニコ顔だ。

私は自己紹介した。大リーグの熱烈ファンであること、スピーカーの展示コーナーがあるとのことなので日本から来たこと。オバサンは、ますますニコニコして〝わざわざ日本から来てくれたなんて嬉しいわね。たしかにミスター・スピーカーの展示コーナーはあるのよ。でも、他にも展示コーナーがあるから、それからご覧になりなさいよ〟と言った。

私は他の展示コーナーには興味なかったけど、オバサンのあとについていった。善意の

ハバード高校の正面入り口

塊《かたまり》みたいなオバサンに逆らったりするとバチがあたるんじゃないかと思ったから。
つれていかれた部屋には、街のニュースを伝える色褪せた古い新聞や、卒業生たちの写真などがたくさん展示されていた。私はまるっきり興味なかったけど、興味津々を装ってオバサンの説明に耳を傾け、愛想よく頷いたりするしかなかった。
説明を聞くだけじゃなく質問もした方がオバサンは喜ぶんじゃないかと思って何気なく訊いてみた。〝この校舎はいつできたんですか?〟。すると、驚くべき答えが返ってきた。〝1891年よ。でも、1960年代に最後の卒業生を送り出した後、この校舎は使われていないの。歴史的記念建築として残っているだけ。高校は今、他の高校と合併して遠い場所にあるわ〟〝ということは、この校舎は100年以上も建て替えていないわけですね？　スピーカーはこの校舎で学んだわけですね？〟〝そういうことになるわね〟。

私はオバサンにつれられてスピーカーの展示コーナーとなっている部屋に向かった。1階のロビー近くにある部屋だ。かつては教室として使われていたに違いない。まさに学校の教室といった広さの部屋なのだ。

部屋に入った私は拍子抜けしてしまった。展示物が少ないので部屋がガランとしているのだ。展示されているものといったらスピーカーの現役時代の古い白黒写真、スピーカーの活躍を伝える古い新聞、誰かさんが描いたスピーカーの絵といったくらいなものなのだ。かなり昔の大リーガーなので展示に値する物があまり残っていないのかもしれない。で、大リーグの熱烈ファンの興味を特に惹くものはほとんどないと言ってもイイ。私が展示物を見て〝へぇ、そうなのかぁ〟と思ったのは、スピーカーが「野球の殿堂」入りを果たした初のテキサス人（Texan）という事実だけ。「野球の殿堂」入りを果たした大リーガーの出身州を考えたことなどなかったので。……これから「野球の殿堂」入りを果たした大リーガーの出身州を調べてグラフでも作成してみるか。何か面白いことがわかるかもしれないし。そんなわきゃないか。

そろそろひきあげるかというところで、部屋の端に飾られたカラーのパネル写真に初め

トリス・スピーカーの展示室入り口

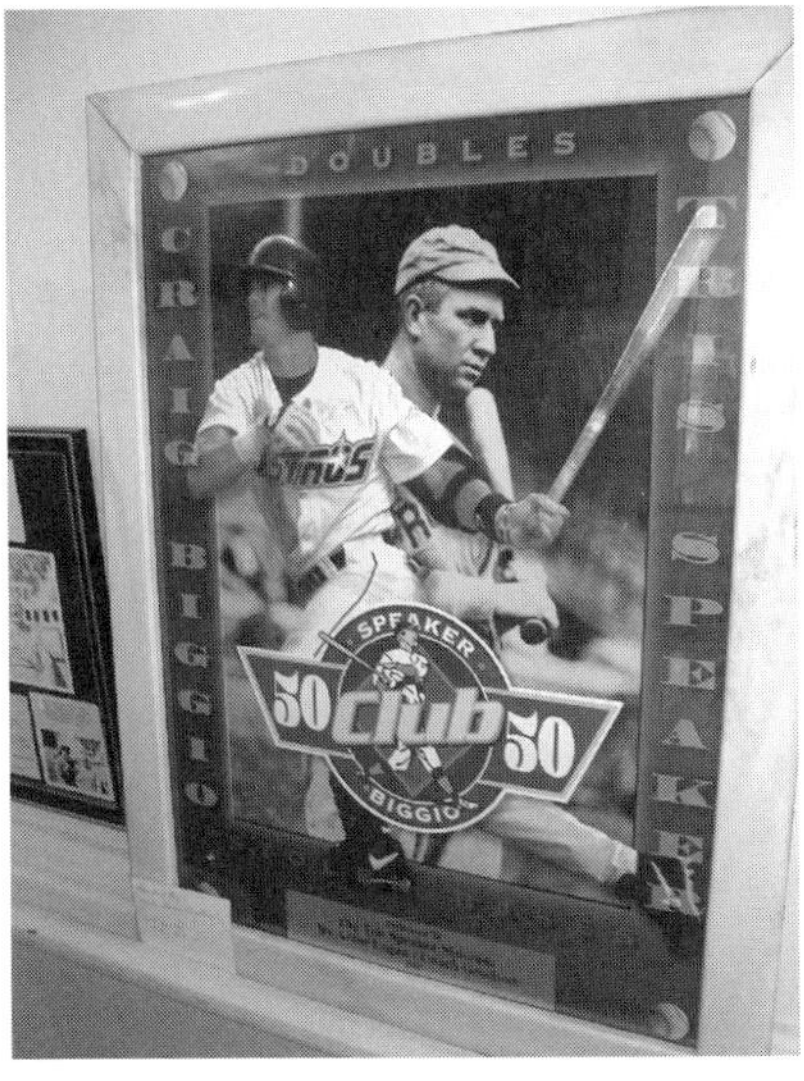

50－50を達成した2人のパネル写真

て気付いた。そのパネル写真を見た瞬間、私は嬉しくなってきた。そうだよ、これだよ、これこそがスピーカーの真骨頂だし、現代につながるスピーカーの一番の存在意義なんだよ。

そのパネル写真を見た瞬間に意味がわかるのは、かなりの大リーグ通に限られるかもしれない。

大リーガー二人の写真が合成されたパネルだ。前面に大きく写って目立っているのは、2007年を最後に現役を引退したクレイグ・ビジオ。そのうしろにヒッソリと写っているのがスピーカー。この二人には妙な因縁というか共通点がある。

スピーカーは4球団を渡り歩いたが、出身州のテキサスの大リーグ球団に所属したことはない。当時、テキサスには大リーグ球団がなかったし。一方、ビジオはニューヨーク出身だが、テキサスの大リーグ球団ヒューストン・アストロズだけで20年間の大リーガー人生を全うした。まるっきり違う大リーガー人生だが、二人ともテキサスとは因縁があるわけだ。さらに、スピーカーもビジオも通算安打3000本を達成している。でも、この二人には他にもっと凄い共通点がある。

1912年、スピーカーは二塁打50本と盗塁50を達成した。この50‐50記録は痛烈な当たりの安打を打てるだけではなく脚も速くないと達成できないもので、大リーグ史上初の快挙だった。それから86年後の1998年、ビジオがこの記録の二人目の達成者となったのだ。

小さな田舎街の古い校舎の片隅で、私は大リーグの歴史と現代に通ずる記録の面白さに触れることができた。とても嬉しかった。

スピーカーの通算二塁打792本は大リーグ史上第1位。

いつのまにやらこんなことに

とても残念なことに、2011年の大リーグでは色々な連続記録が途絶えてしまった。たとえば、イチローは自身が持つ10年連続200本安打以上という大リーグ記録を11年連続に更新できなかった。イチローはさらに、年間安打数が所属リーグで5年連続でトップという自身が持つ大リーグ記録を6年に更新できなかった。

イチロー以外にも連続記録が途絶えてしまった選手がいる。たとえば、ニューヨーク・ヤンキースのアレックス・ロドリゲス（通称A・ロッド）は13年連続30本塁打以上という大リーグのタイ記録を14年に更新して単独トップに立つことができなかった。A・ロッドはさらに、13年連続100打点以上という大リーグのタイ記録を更新して単独トップに立つこともできなかった。

でも、２０１１年も連続記録が途絶えなかったので２０１２年も頑張れば大リーグ記録を更新、もしくは大リーグ記録に並ぶという選手がいる。

まずは、大リーグ記録更新の可能性がある例。ニューヨーク・ヤンキースの抑えの切り札、マリアーノ・リベラは２０１１年まで9年連続で30セーブ以上。これは大リーグ記録。で、２０１２年も頑張れば自身が持つ大リーグ記録を10年連続に更新できる。

次は大リーグ記録に並ぶ可能性がある例だが、チョット意外というものを紹介しておきたい。実は、私は何げなく記録を調べていて或る事実に気付きビックリしてしまったのだ。２０１２年、偉大な選手が樹立した偉大な大リーグ記録に並ぶ可能性がある選手がいるではないか！　その選手とは、ニューヨーク・ヤンキースのデレク・ジーターだ。

２０１２年、ジーターが安打を１５０本以上打つと、17年連続で１５０本安打以上となる。これが実現すると、あの偉大なハンク・アーロンが樹立した大リーグ記録に並ぶことになるのだ。ジーターはこれまで主要打撃部門のタイトルを一つもとったことがない。そんなジーターなのに、いつのまにやらこんなことになっていたなんてビックリするしかないではないか。でもだ、ここ3年、ジーターの年間安打数は２１２本、１７９本、１６２本と明らかな低下傾向を示しているからなぁ。……私はジーターが大リーグ記録に並んで欲しいとは思っているんですよ。ホントです。

（註：２０１２年5月、マリアーノ・リベラは右膝を故障。で、５セーブで終わった。一

方、2012年のジーターの安打数はビックリすることに216本。アメリカン・リーグの最多安打ときた。で、ハンク・アーロンの大リーグ記録に並んだ。……世の中は何が起こるかわからないというイイ例だ！）

物の価値は人によって違います

米国映画『コップ・アウト』（2010年）。主人公はニューヨーク市警の刑事だ。今回は、この映画に出てくる話から始めたい。

主人公は娘の結婚式の費用4万8000ドルを工面するために父親が残してくれた物を売ることにする。それは、大事に保存されていたので新品同様に見える野球カードだ。アンディ・パフコという大リーガーの姿が写っているだけと言ってもイイような小さなカード。そんなもので結婚式の費用の工面ができるのかと不思議がる同僚に主人公は説明している。〝1952年にトップス社というガム会社が野球カードのセットを作ったが、そのセットの1番目がアンディ・パフコのカードだったので、新品同様に保存されていれば価値がかなり高い。売れば8万ドルくらいにはなる可能性があるのだ〞と。

では、この話は本当のことなのか、それとも映画のために考え出したことなのか？　答えは、本当のこと。主人公はおおむね正しいことを言っているのだ。アンディ・パフコという大リーガーは実際に存在していて、立派な成績を残したわけではないが、主人公が説明した理由でカードの値打ちがけっこう高いのだ。

米国には野球カードのマニアが大勢いて、かなりの金額で売り買いされることも珍しくない。日本でも野球カードはあるし、そのマニアもいる。でも、米国の野球カード熱と比べると負けると言ってイイだろう。

ところで。1952年にアンディ・パフコのカードを作ったトップス社が2012年、ダルビッシュ有とカードを作る独占契約を結んだ。数十年後の将来、ダルビッシュのカードに高い値がつくことを私は願っている。もちろん、アンディ・パフコとは違って立派な成績を残した大リーガーのカードだからという理由でだ。

こういうことって、野球カードに興味がない人には（そういう人がほとんどだと思うけど）どうでもイイこととしか思えないでしょうね。私は大リーガーのカードについて一通りの知識は持ち合わせているけど、カードに興味があるわけではない。でも、興味を持っている人を笑ったりしない。興味の対象は人それぞれだから。

野球カードには興味がない私だって、新品同様に見えるように大事に保存しているものがたくさんある。野茂英雄の写真入りテレホンカード、日興コーディアル証券が作ったイチローの写真入りカレンダー……。

エルビス・オン・ステージ

１９７０年製作のドキュメンタリー映画『エルビス・オン・ステージ』。エルビス・プレスリーがラスベガスで行ったライブ公演の様子を撮ったものだ。２００１年、この映画のスペシャル・エディション（特別編）が製作された。１９７０年製作のオリジナル版で使用しなかった映像フィルムを使ったりして編集し直したものだ。では、オリジナル版と特別編のどちらがイイか？　総合的には特別編。でも、オリジナル版の方がイイ点が３つだけある。

まず、ラストシーン。エルビスが映画のためにビシッと決めている素晴らしいポーズを特別編は台無しにしているのだ（詳細は省略。両方のＤＶＤを見比べれば、どなたも私の意見に同意してくれるはずです）。

残りの２つは大リーグと関係している。まず、１９６９年にシンガー・ソングライターのニール・ダイアモンドが作って歌い始めた『スイート・キャロライン』という曲に関することと。オリジナル版にはこの曲をエルビスが熱唱するシーンがあるのに特別編では省かれているのだ。これと大リーグの関係とは何か？

1998年、大リーグ球団ボストン・レッドソックスの本拠地球場フェンウェイ・パークで試合の終盤にニール・ダイアモンドが歌う『スイート・キャロライン』が流れ始めた。球場の音響係を務めていた女性が何となく始めたことだ。毎試合というわけではなく、気の向いた時だけで、しかもレッドソックスがリードしている試合だけだったようだ。ところが、かなりノリのイイ曲なので大勢の観客がニール・ダイアモンドに合わせて歌詞の一部を歌うようになった。そして2002年、遂に『スイート・キャロライン』をフェンウェイ・パークの全試合で8回裏のレッドソックスの攻撃前に流すことが公式行事となり、今に至っている。

つまり、特別編を製作した2001年にはフェンウェイ・パークで『スイート・キャロライン』が流れていたのだ、公式行事にはなっていなかったけど。となれば、オリジナル版でエルビスが『スイート・キャロライン』をせっかく歌っているんだから、レッドソックスのファンのために残すくらいの配慮をしなくっちゃ。私なんか、エルビスが歌う『スイート・キャロライン』を定期的にフェンウェイ・パークで流して欲しいと思っているくらいだ。

では、もう一つ。オリジナル版ではエルビスのファンや関係者が登場して色々な感想やコメントを語るシーンが随所に出てくるのだが、特別編では省かれている。まぁ省かれても気にならないシーンもあるけど、私がどうしても省いてほしくなかったシーンが一つだけある。エルビスについてのこういうコメント。〝彼はエンターテインメントの世界のウィリー・メイズだ。歌えて、踊れて、語って人を引き付ける。そこがすばらしいと思う。……そう、彼ほどすばらしい人はほかにいない、本当に〟。

こんな嬉しいコメントを省いてどうすんの、と私は言いたいですよ。このコメントに出てくるウィリー・メイズとは、もちろん１９７３年に現役を引退した、打てて、走れて、守れてと三拍子揃った大リーグ史上最高の万能選手と言われる男のことだ。通算３０００本安打と５００本塁打を達成した５人のうちの一人だし、盗塁王に４回もなっているし、守備の巧い選手に与えられるゴールドグラブ賞を12回も受賞している。こんな凄い万能選手は今の現役大リーガーにはいない。

エルビスのような男がエンターテインメント界に二度と出てこないように、メイズのような大リーガーは二度と出てこないのかもしれない。

情報機関が使った暗号名

前回、大リーグ球団ボストン・レッドソックスの本拠地球場フェンウェイ・パークでは８回裏のレッドソックスの攻撃前に必ず『スイート・キャロライン』という曲が流れることに触れた。今回は、その続き。

『スイート・キャロライン』はシンガー・ソングライターのニール・ダイアモンドが１９６９年につくった曲だが、この曲のキャロラインとは１９６３年に暗殺された第35代大統領ジョン・Ｆ・ケネディ（ＪＦＫ）の愛娘キャロラインのことだ。ニール・ダイアモンド自身がこの曲はキャロライン・ケネディを想ってつくったとハッキリ言っている。

ＪＦＫは野球が好きだった。〝野球と米国は共にいつまでも存続するだろう〞と言い残している。大統領在任中は毎年、大リーグの開幕戦で始球式を行った（計３回）。第二次世界大戦後のオールスターゲームで始球式を行った最初の大統領だ。

さて。ＪＦＫはボストンがあるマサチューセッツ州出身で、マサチューセッツ州選出の連邦下院議員、連邦上院議員を経て大統領になった。で、ボストンでは今でもＪＦＫの人気は高い。そのボストンのフェンウェイ・パークで行われるレッドソックスの試合で必ずＪＦＫの愛娘キャロラインにまつわる曲が流れるのはケネディ家にとって最高のプレゼントになっていると私は思う。

ところで。ＪＦＫが暗殺されたとき、５歳のキャロラインがどこにいるのか不明だった（ホンの短い間だったけど）。で、シークレット・サービスと情報機関はキャロラインを懸命に探した。〝ライラックを探せ！〞と指令を飛ばして。シークレット・サービスがキャロラインの暗号名としてライラックを使っていたから。……これは随分前に日本の或る雑誌に書いてあった話。花言葉が〝初恋〟や〝純潔〟のライラックとはイイ暗号名だと思っていた私だが、今回調べてみたら話が違うようだ。

ライラックの英語はLilacだが、キャロラインの暗号名はLyricだったようだ。Lyricはライラックではなくリリックと発音する。雑誌は勘違いしたのだろう。

Lyricには色々な意味があるが、複数形（Lyrics）にすると『スイート・キャロライン』のようなポピュラーソングの歌詞という意味。暗号名は未来を予見していたのか？

ワールドシリーズから学ぶ教訓

昔、野球は昼間に青空の下で行うスポーツと誰もが考えていた。もちろん大リーグでも、すべての試合が昼間に行われていた。

大リーグでナイトゲーム（夜間試合）が初めて行われたのは１９３５年5月24日のシンシナティ・レッズ対フィラデルフィア・フィリーズ戦。当時のレッズの本拠地球場クロスリー・フィールドに照明装置が設けられたのだ。これを契機に、他の球場も照明装置を設けてナイトゲームを行うようになっていった。

ところで、大リーグの試合がナイトゲームとして行われることには反対の声があったらしい。たとえば新聞記者からは、翌日の朝刊への入稿締め切り時間までに記事が書けなくなるという反対の声。でも、こうした反対の声はさほど大きなものではなかったようだ。さて。ボウイ・キューン著『コミッショナーは戦う』（１９９０年、ベースボール・マガジン社、訳・武田薫）によると、１９７１年からワールドシリーズにもナイトゲームを導入することになったとき、新聞記者からの反対の声は猛烈なものとなったようだ。前述の締め切り時間問題の他に、テレビとの競争問題があった。すでにワールドシリーズのテレビ中継は行われていたが、昼間の中継なので観ることができない人が多かった。学校や仕事があるから。でも、ナイトゲームのテレビ中継となると話は変わってくる。大勢のファンがテレビ中継を観ることができる。となると、新聞の売れ行きが悪くなってしまうというわけだ。

こうした反対の急先鋒に立ったのがレッド・スミス（１９８２年没）。……有名新聞にスポーツライターとして雇われていたスミスは、多くの素晴らしいスポーツコラムを新聞に書いた。今、私の手元にあるスミスのスポーツコラムを読み返してもホントに素晴らしいと思う。スミスはスポーツライターとしてピュリツァー賞を受賞するという栄誉にも浴している。

人は誰でも間違えることがある。どんなに優秀な人でもだ。スミスも間違えたと私は思う。事の是非を論じるとき、自分が属する組織を守ることを優先してはダメだと思うから。できるだけ多くの人をハッピーにさせる考えこそが正しいと思うから。そして、大勢の人がワールドシリーズをテレビ観戦できてハッピーになったと思うから。

アホウドリは飛んで行く

私は定年退職後、昔に戻ってしまった。バッティングセンターに頻繁に通うようになったのだ。若い人たちが時速１００キロの球に四苦八苦している横で時速１３０キロの球をバンバン打ちまくるのって快感ですよ。……私は動体視力が衰えていないみたい。そして、嫌みな老人への道を突っ走って行くみたい。

そんな私をからかう友人がいる。〝そのトシになったら普通はゴルフの打ちっ放しをするもんだよ〟と。

私は根っからの野球好きで、ゴルフは一切やらない主義。でも、ゴルフの試合をテレビ観戦するのは好き。というわけで、今回はゴルフと野球の関係（？）について。

ゴルフではパー（基準打数）より一つ少ない打数でホールインすることをバーディー(birdie：小鳥）という。２つ少ない打数ならイーグル（eagle：鷲《わし》）。３つ少ない打数ならアルバトロス（albatross：アホウドリ）。４つ少ない打数ならコンドル（condor：コンドル）。どれも鳥と関連した用語となっているわけだ。プロの試合ではイーグルまではしょっちゅうある。アルバトロスはグッと少なくなる。コンドルとなると不可能に近いと言ってイイ。……アホウドリとコンドルは大して羽ばたかずに長距離飛行できるので、ゴルフでは球を凄い距離まで飛ばさないと達成できないことの用語となっているようだ。

さて、前述したゴルフ用語の中に米国の野球界で別の意味のスラングとして使われているものがある。アルバトロス。つまり、アホウドリだ。

アホウドリの英語albatrossには〝長期間にわたって不安を与えるもの〟とか〝成功を妨害するもの〟という意味もある。これから転じて、米国の野球界では〝いつも対戦相手に苦戦を強いる球団〟という意味のスラングとして使われているのだ。

大リーグではアホウドリ、つまり相手に苦戦を強いた上に接戦で勝利することが多い球団はイイ成績を残す可能性が高い。２０１２年のボルチモア・オリオールズがイイ例だ。

ところで、サイモン＆ガーファンクルが歌って有名になった『コンドルは飛んで行く』という曲がある。でも、『アホウドリは飛んで行く』という曲はない（と思う）。誰かが作詞・作曲すれば、アホウドリを目指す大リーグ球団が球団歌として採用してくれるかもしれない。

〝パンチョさん〟と姉妹都市

米国映画『人生の特等席』（2012年）。クリント・イーストウッドが演じる主人公は大リーグ球団アトランタ・ブレーブスの老スカウトだ。となれば、大リーグの熱狂的ファンの私としては観ないわけにはいかない。でも日本で公開されたとき、忙しくて観に行けなかった。先日、やっとDVDで観ることができた。

なかなかイイ映画だ。大リーグに関するオタクっぽい科白がバンバン出てくるので私なんか嬉しくなってしまったが、大リーグにまるっきり興味のない人でも充分楽しめるし、胸にジンとくるものがあると思う。

ところで。大リーグと映画のファンとして、この映画について言っておきたいことがある。なんだか偉そうで申し訳ないんだけど。

まず、脚本が実に凝っていること。科白の中に実在する（もしくは実在した）芸能人の名前がかなり出てくるが、主人公が野球のスカウトという映画に合うように、野球と何らかの関係がある芸能人ばかりを意図的に選んだんじゃないかと思えるのだ。その極め付きは、主人公が偉大な俳優としてジェームズ・キャグニー（1986年死去）とスペンサー・トレイシー（１９６７年死去）を挙げていること。日本ではあまり知られていないが、キャグニーには大リーガーを目指して必死に野球をやっていた時期があるし、トレイシーは大リーグの熱狂的ファンだった。

次に、この映画の日本語訳について。字幕訳も吹き替え訳も〝芸〟を感じさせるくらい素晴らしい。でも、一つだけ言いたいことがある。ハンク・アーロンを始めとして優秀な大リーガーが数多く輩出したアラバマ州のMobileという市の訳についてだ。一度指摘したことがあるが、Mobileの正しい訳はモビールだ。ところが、この映画の字幕も吹き替えもモービルとなっている。

これまで、日本の大リーグ本の殆どがハンク・アーロンの出身地をモービルと表記している。正しくモビールと表記しているのは、今は亡き〝パンチョさん〟こと伊東一雄著『メジャー・リーグ紳士録』（１９９７年、ベースボール・マガジン社）くらいなもんではないかと思う。……〝パンチョさん〟はさすがだ。

そうそう、モビールと姉妹都市となっている日本の市がある。千葉県市原市。その市原市のホームページを見てみたら、モビールと表記している。こちらもさすがだ。

〝球聖〟と呼ばれる男の故郷

２０１３年６月、私は米国で爆走ドライブをした。南部と中西部の12州を走り廻る一人旅だ。その途中で、南部ジョージア州のロイストン（Royston）という市を訪ねてみた。人口が約２５００人という小さな市だ。

ロイストンの中心部を通る道路を走っていた私はニヤリとして、〝やっぱりそうか。この一番のウリはこれなんだな〟と思った。そして、写真を撮るために車を駐めた。道路に面した建物の壁に大きな絵が描かれていたのだ。長い大リーグの歴史の中で唯一〝球聖〟と呼ばれる伝説の男の顔を模した絵と、その男の打撃と走塁を模した絵。ロイストンは〝球聖〟の故郷として知られている。その男を記念した博物館もある。もちろん、その博物館を訪ねるのが私の目的だ。

〝球聖〟と呼ばれるタイ・カッブ（１９６１年、74歳で死去）。首位打者12回（９年連続を含む）、生涯通算打率３割６分７厘（３割６分６厘という説もある）、23年連続で打率３割以上という驚異的な大リーグ記録を樹立した男だ。その一方、大リーグ史上でタイ・カッブほど選手やファンから忌み嫌われた男はいないと言われている。走塁でスライディン

建物の壁に描かれた“球聖”の絵

グをする際に鋭く研いだスパイクで守備位置に就いた選手を蹴り上げるようなことをして脅したらしいし、野次を飛ばしたファンに殴りかかったりもしたらしいのだ。……米国の小説や映画でも、タイ・カッブは驚異的な記録を残した偉大な男というより忌み嫌われた男という扱いをされることが多い。

さて。私は市の中心部を通り抜け、「カッブ通り」と名付けられた道路を走って博物館のあるビルに向かった。……「カッブ通り」と名付けられた道路があることに驚いたりしてはいけません。こういうのは米国では普通のことですから。

ところが、ビルに到着した私は驚き呆《あっ》気《け》にとられてしまった。博物館のあるビルは病院なのだ。こういうことは米国でも普通ではない。

ちなみに、私は医師だ。米国の病院についてはけっこう詳しいという自負もある。その私が〝普通ではない〟と思うのだからホントに普通ではない。ナンデ病院の中に大リーガーの博物館があるんだ？　私は大リーグの熱烈ファンというより医師として興味津々となった。

病院ビルの中に入った私は、博物館の前にある土産物店を兼ねた受付で係の女性（白人のオネエサン）に話しかけた。〝どうしてタイ・カッブの博物館が病院の中なんかにあるの？　オレは日本から来た医師なんで、このことに物凄く興味があるんだけど〟。オネエサンはニコニコしながら〝あなたは何を専門とする医師なの？〟と訊いてきた。私が〝オレは病理医〟と答えると、オネエサンの反応は〝アラ、そうなの〟だけ。これが米国のイイところだ。〝病理医って何をする医師？〟なんてイチイチ訊いてこないから。……殆どの米国人が病理医の仕事内容を知っている。日本とはエラク違うのだ。

ところで、肝心の質問に対するオネエサンの説明を簡単にまとめるとこうなる。現役を引退したタイ・カッブは、長年の友人スチュワート・D・ブラウン医師の希望を叶えるために多額の寄付と努力を惜しまなかった。ロイストンに近代的病院を設立することだ。1950年に完成した病院は「カッブ記念病院」と名付けられた（この病院は現在は閉鎖されて遠い地に移転している）。こうした医療に対するタイ・カッブの功績を称えて、資産家のジョー・A・アダムスという人がロイストンに新たに設立した病院の中に「タイ・カッブ博物館」を設けることになった。1998年のことだ。

さらに、タイ・カッブはジョージア州の若者たちのために奨学基金を設けてもいる。この奨学基金からは現在も年間70万ドルが300人以上の若者たちに提供されているとのことだった。

私がタイ・カッブの意外な一面に驚いていると、オネエサンが言った。〝ミスター・カッブの現役時代の年俸は大したことなかったのに、どうして多額の寄付をできたか知ってる？〟。私はニヤッとして答えた。〝それはオレにもわかりますよ〟。すると、オネエサンもニヤッとしながら言った。〝博物館にはそれに関する展示もあるのよ〟。私は〝それってどんな展示なんだ？〟と思いながら博物館に入って行った。

タイ・カッブの現役時代の大リーグでは、現在のような高額年俸が選手たちに支払われていなかった。では、どうしてタイ・カッブは多額の寄付をしたり奨学基金を設けたりすることができたのか？　それは、野球だけではなく株投資の才能にも長《た》けていたから。リスクの高い株投資にも果敢に挑戦して、大金持ちになっていたのだ。最も有名なのは、黎《れい》明《めい》期のコカ・コーラに投資して大成功したこと。

博物館には、ナント、そのコカ・コーラの展示コーナーが特別に設けられていた。タイ・カッブがコカ・コーラの宣伝に一役買ったポスターや、タイ・カッブ自身が集めたコ

病院の中にあるタイ・カッブ博物館

コカ・コーラの展示コーナー

カ・コーラの瓶のコレクションなどが展示されている。もちろん、コカ・コーラへの投資でタイ・カッブが大金持ちになったこともハッキリ記されている。……博物館にこういう特別展示コーナーを設けてしまうノリって実にイイですね。私はコーラ類は一切飲まないけど（コーヒーと東京都水道局の水が大好きだからという、単なる好みの問題です）、こういう展示を見るとコカ・コーラもたまには飲もうかと思いますよ。

私はコカ・コーラの展示コーナーだけではなく、館内を隈無《くまな》く見て廻った。2時間ほどもかけて。このテの博物館としては群を抜いて充実したものだったからだ。

タイ・カッブの生い立ち、野球とは関係ないことについても詳しい展示がされている。でも最も広いスペースが割かれているのは、もちろん野球に関する展示のためだ。タイ・カッブが用いていたユニホーム、バット、グラブなどの野球用品が沢山展示されているし、写真も数多く展示されている。

こうした展示の一つ一つを私は丁寧に見たが、一番気に入ったのはチョット意外なものだ。

それは、館内の片隅にさりげなく展示されていた文章。タイ・カッブが言い遺した言葉とのことだった。〝少年に野球のボールを与えてやれば、もう石を投げるようなことはしなくなるだろう〟。どうってことない言葉と思う人もいるだろうけど、私は違う。含蓄に富んだ素晴らしい言葉だと思う。こんな言葉を吐く男がヒドク変わった人格だったなんてホントなのかと思ってしまうくらいだ。

博物館を出た私は、土産物店を兼ねた受付に寄った。土産品を物色していると、さきほどのオネエサンが声をかけてきた。〝この本もイイわよ〟。タイ・カップのお孫さんが祖父の思い出を書いた本だった。〝最近出版されたばかりの本よ。1ヵ月ほど前に著者がロイストンに来てサイン会をやったら2時間で85冊も売れたの。こんな小さな街では異例のことね〟〝お孫さんはロイストンに住んでるんじゃないの？〟〝フロリダで暮らしてるの。サイン会のためにフロリダからわざわざ来てくれたのよ〟。私は一冊買った。著者のサイン入りだった。

土産品をけっこう買った後、私はオネエサンに訊ねた。〝オレ、ローズ・ヒル墓地に行きたいんだ。場所を教えてくれない？〟。オネエサンは親切にも地図まで描いてくれた。そして、〝カップ家の墓はすぐに見つけられるわよ。飛び抜けて大きい立派なものだからね〟と言った。〝それはオレも知ってますよ、映画を観たから〟。タイ・カップの伝記映画『タイ・カップ』（１９９４年）のことだ。ところが、オネエサンが〝あれはヒドイ映画ね〟と言うので困ってしまった。米国の伝記映画の中ではベストスリーに入ると私は思っているからだ。でも、反論などしないで苦笑いだけで済ませた。

ローズ・ヒル墓地に到着した私はカップ家の墓をすぐに見つけることができた。ホントに大きくて立派な墓だったから。周囲の墓の何倍もの大きさときている。

"球聖"の各種プレーも写真で展示

カッブ家の大きく立派な墓

墓を見た私は、〝映画と同じだな〟と思った。もちろん、それ以外にも思ったことはある。でも、口には出したくない。

私は墓の前で合掌し、写真を撮ってからローズ・ヒル墓地を去り、ロイストン市からも去った。

〝球聖〟の故郷訪問は、人生では何が大事なのかを私に改めて考えさせることになった。

大学の中にある記念館

前回、〝球聖〟タイ・カッブの故郷ジョージア州ロイストン市を２０１３年６月に訪ねたことを書いた。

実は、私はロイストン市を訪ねた日、もう一人の大リーガーの故郷も訪ねている。ロイストン市から北に車で2時間ほど走れば行ける所だ。

ジョージア州デモレスト市。人口が２０００人にも満たない小さな市。大リーグの歴史に残る名選手ジョニー・マイズ（１９９３年、80歳で死去）はここで生まれ育ち、ここにあるピードモント大学で学びながら野球に打ち込み大リーガーとなった。そのピードモント大学の中にジョニー・マイズを記念した「ジョニー・マイズ体育センター」がある。

ジョニー・マイズは全盛期に第二次世界大戦の兵役で3年間を棒に振ったが、実働15年間で首位打者1回、本塁打王4回、打点王3回という見事な成績を残している。通算打率3割1分2厘も大したもんだ。「野球の殿堂」入りも果たしている。

デモレスト市に着いた私は迷子になってしまった。小さな市なのに交通の要衝となっているようで、立派な道路がチョット複雑に交差しているのだ。〝こりゃヤバイ〟と思った私はガソリンスタンドに駆け込み、ピードモント大学への行き方を教えてもらった。……なんのことはない、そのガソリンスタンドの前の道路を数分走ればイイだけだった。

緑に囲まれた、羨ましくなるくらい美しい大学に到着。と同時に驚き圧倒されたことがある。ピードモント大学は体育大学というわけではないのに、広くて本格的な野球場が1面（バックネット裏には豪華な観客席、センター奥には電光掲示板まである）、広くて本格的なソフトボール場が1面（こちらもセンター奥には電光掲示板）、本格的なサッカー場が1面、合計3面の球場が並んでいるのだ。……これはホントに圧巻としか言いようがないです。

「ジョニー・マイズ体育センター」は綺麗な平屋建てだった。出入り口のそばの壁に〝デモレスト出身で「野球の殿堂」入りを果たしたジョニー・マイズを記念して2000年秋に造られた〟という銘板が張ってある。

出入り口のドアを開けて中に入ると、広いロビーの奥にあるカフェテリアの窓に施され

野球場のセンター奥には電光掲示板

た大きな掲示が目に飛び込んでくる。ジョニー・マイズの有名なニックネーム〝BIG CAT〟（大きな猫）が大きく書かれた掲示だ。……一塁手ジョニー・マイズの守備は、まるで猫のように敏捷《びんしょう》だったのだ。

広いロビーは「ジョニー・マイズ博物館」としても使われていた。でも、ロビーに入った私は〝アレ？　なんか変だな〟と思った。誰もいないのだ。人っ子一人いないので、気味悪いくらい静か。そういえば、大学のキャンパス全体にも誰もいなかったことを思い出した。〝一体どうなってんだ？〟と思ったが、しばらく考えて理由がわかった。もう夏休みなのだ。米国の学校制度では9月から新年度が始まるが、その前に長い夏休みが

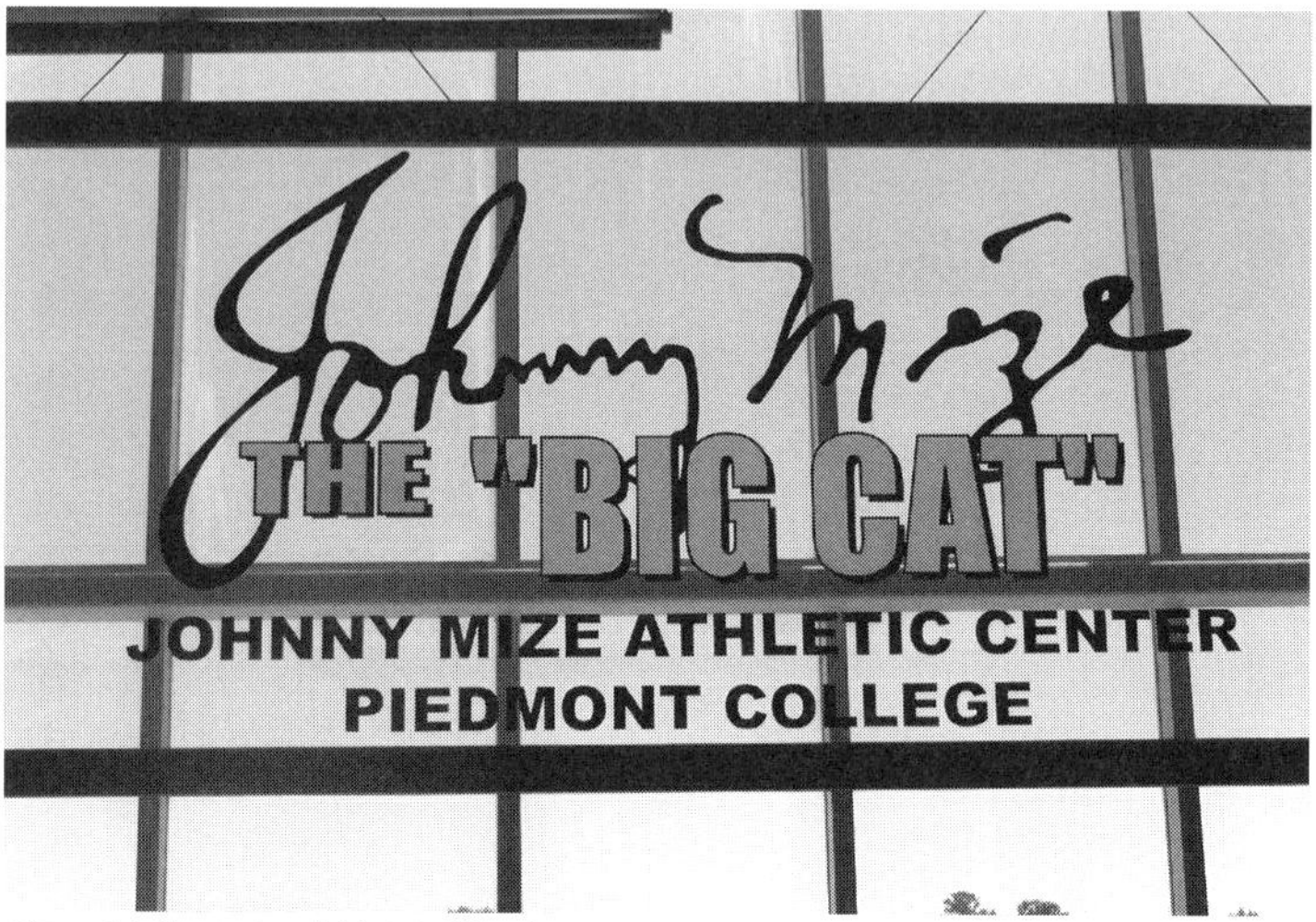

ガラス窓に"BIG CAT"（大きな猫）の掲示

「ジョニー・マイズ博物館」の展示品

ある。6月半ばを過ぎれば大学は夏休みに入っているのだ。

それにしても、こんな不用心なことでイイんだろうか？　博物館に展示されたジョニー・マイズが使った野球用品や写真を盗む輩《やから》が入り込むなんて心配はしないわけ？

まぁ私はそういう輩ではないので、ジックリ見て廻っただけだけど。

展示物を見ていると一人の白人男性が突然現れたので、私は声をかけようとした。ところが、その男性は私の存在なんか気にもせず競歩レースに参加しているみたいにサーッと私のそばを通り過ぎてどこかに消えてしまった。へぇ、そういうこと。そんじゃ、オレはそこいらじゅうを勝手に見て廻っちゃうからな。

センターの中には博物館の他に立派なバスケットボール場（プロの試合も誘致オーケーの本格的なもの）、オフィスらしき多くの部屋、豪華な機器が揃ったジムなどがあった。

米国では、小さな市の大学にもこんな凄い設備があるわけだ。

続・大学の中にある記念館

米国では、大リーガーを記念した博物館の類が大学のキャンパス内にあることが多い。

……日本ではどうなんだろう？　キャンパス内に野球選手を記念した博物館の類を設けた

大学はどのくらいあるんだろう？

２０１３年６月、米国で爆走ドライブをしていた私はインディアナ州ジャスパー市に立ち寄った。人口が１万５０００人ほどだから、さほど大きい市ではない。むしろ、小さい市と言った方がイイだろう。

この市にはヴィンセンス大学があり、そのキャンパス内に「インディアナ野球殿堂」がある。

例によって羨ましくなるくらい美しい大学だった。緑が多い敷地内に校舎など綺麗な建物が点在している。まるでお伽《とぎ》の国に入り込んだような気持ちにさせられてしまう。……どうして米国にはこういう大学が多いのだろう？　大学から一歩出ると、どうってことない風景なのに。

「インディアナ野球殿堂」も綺麗な建物の中にあった。建物の中に入ると、すぐ右手が殿堂のこぢんまりとした入り口だ。ところがシャッターがおりている。アララ、せっかく来たのに閉まっているわけ？　途方に暮れていると白人のオバサン２人連れが通りかかったので、事情を説明して〝何とか開けてもらえないですかね〟と頼み込んでみた。

こういうとき、米国のオバサンは信じられないくらいの親切心を見せてくれることがある。オバサン２人は〝アラ、それは大変だわ〟と言って、殿堂の管理事務所に掛け合いに行ってくれた。しばらくして、オバサン２人はニコニコしながら戻って来た。〝大丈夫

「インディアナ野球殿堂」が入った建物

よ。11時にはオープンするんですって〟。な〜んだ、そういうことか。1時間ほど待てばイイだけのことじゃないか。私が御礼を言うと、オバサン2人は嬉しそうにニコニコして去って行った。

私は建物の中にある広い食堂に入ってコーヒーを注文した。係の白人のオバサンが〝あなたはここの教師なの？〟と訊いてきたので、〝いや、日本から来た観光客ですよ〟と答えた。オバサンはビックリしていた。

11時、殿堂の入り口に戻ると白人のオジサンが〝日本から来たのは君が初めてだと思うよ〟と言いながらシャッターを上げてくれた。

私は殿堂の中に入った。後でわかったことだが、殿堂の入場料として4ドル払うことになっている。でも、私はタダで入ってしまった。

殿堂の入り口はこぢんまりとしたものだったが、中に入るとかなり広かった。まず目に飛び込んでくるのは、壁に飾られた数多くのレリーフ。どのレリーフも人の顔を模していて、各々《おのおの》の下にはその人の名前と功績が記されている。〝インディアナ州出身の有名な大リーガーってこんなに多かったっけ？〟と思いながらレリーフの一つ一つを眺め始めた私は、しばらくして〝な〜るほど、そういうことか〟とわかった。

この野球殿堂は「インディアナ高校野球コーチ協会」がスポンサーとなっていて、この協会のメンバーたちの投票によって殿堂入りの人物が決まる。で、大リーガーだけではなく高校や大学の野球コーチなども大勢選ばれているのだ。

一番奥に特別コーナーが2つあった。インディアナ州出身の大リーガー2人に関するコーナーだ。本人たちには全然似ていない容貌の人形、本人たちが使ったと思われるユニホーム、功績を映像入りで伝えてくれる装置が置かれている。その2人とは、ドン・マッティングリーとスコット・ローレン。どちらも名選手だ。マッティングリーは現役14年間で打撃や守備のタイトルを何度も獲得している。ローレンは守備がとても巧い三塁手として有名。

さて、この殿堂の中で私がフッと思ったことがある。日本でも、高校野球関係者がアマとプロを問わず優れた人物であれば分け隔てなく選んだ殿堂が大学の中にあるのか？

殿堂の壁に飾られた数多くのレリーフ（上）
ドン・マッティングリーに関するコーナー（下）

これまで、私は大リーガーを記念した博物館を設けた大学を幾つか紹介してきた。大リーガーの名前がついた公立中学校を紹介したこともある。こうしたことが日本より米国のほうが野球文化が成熟・普及・定着している一因と思うから。……どうなんでしょうね。

世界一と呼ばれた男

2013年初秋の早朝。渡米していた私はオクラホマ州の田舎道、州道99号線を北に向かってのんびりドライブしていた。波瀾万丈の人生を送った或る男が暮らしていた家を目指してだ。小一時間ほど走ると四つ角になったので左折し、州道51号線に入った。やっぱり田舎道だ。

しばらく走ると、大きな標識が立っていた。その田舎道にはニックネームが付けられていることを示す標識だ。そのニックネームとは私が目指す家で暮らしていた男の名前、ジム・ソープ。

このテの標識が米国にはヤケに多いことを何度か紹介してきたが、その標識は別格だった。それまで私が目にした中では一番大きな文字で書かれた標識だったし、一番長い距離の道路に名前が付けられていたからだ。この別格さが私は嬉しかった。それだけの価値が

"ジム・ソープ記念ハイウェイ"の標識

ある別格の男と思っていたから。

雲一つない秋空の下、緑に溢れた素晴らしい田舎の景色を眺めながらドライブをのんびり続けた。10キロほど走り、イエール（Yale）という街に到着。人口が約1300人という小さな、何となく寂れた街だ。目指す家はすぐに見つけることができた。街の中心を走る道路のすぐそばにあったからだ。でも、ドアに鍵がかかっていて入れない。家の前の表示を読むと、入れるのは9時からとのこと。まだ30分もある。

で、家の裏手に廻ってみた。小さな谷のようになっていて、底には綺麗な湖がある。私は底まで下りていき、ボーッと湖を眺めていた。

8時50分に家の前に戻ると、管理人ら

しい白人のオバサンがドアの鍵を開けているところだった。私に気付いたオバサンが声をかけてきた。〝どこから来たの？〟〝日本から〟〝ずいぶん遠くから来たのね。まだチョット早いけど、これから鍵を開けて入れてあげるわ〟。

私はオバサンの後から家の中に入って行った。ジム・ソープが暮らしていた家の中に。

ジム・ソープ（１９５３年没）。１９１２年、ストックホルムで開催された第５回オリンピックで金メダルを２個獲得（陸上五種競技と陸上十種競技）。さらに野球、アメリカンフットボール、バスケットボールのプロ選手としても活躍。大リーグでも６年間プレー。大勢の人から世界一のスポーツ選手と呼ばれた。

ソープが暮らしていた家はさほど大きくない平屋建てなので、外観からは立派な家とは言い難い。でも中に入ると、印象がガラリと変わる。部屋数がけっこうあるし（部屋のサイズは小さいけど）、すべての部屋に綺麗で立派な調度品が置かれている。これは意外だった。私の想像とは違っていたのだ……。

ソープはインディアンとヨーロッパ系の混血だった。でも周囲からはインディアンと見なされ、人生の様々な局面で露骨な人種差別を受けた。スポーツ選手を引退してからは、色々な仕事に就いたが困窮生活を送った。一文無しとも言える状態にさえなったのは有名。で、ソープは貧しい家で暮らし続けていたのだろうと私は勝手に想像してしまっていたのだ。

ジム・ソープが暮らしていた家

家の中は立派な調度品も置かれていて綺麗

もう一つ意外なことがあった。家の中にはソープがアメリカンフットボールの選手として活躍したことを伝える絵や写真がヤケに飾られているのに、他のスポーツに関してはチヨットだけという感じなのだ。大リーグの選手だったことについては、ニューヨーク・ジャイアンツ（現在のサンフランシスコ・ジャイアンツ）に入団した1913年時の写真が一枚あるだけ。

ところで、観光客は私一人だけだった。2時間、ズッと私一人だけ。で、管理人の白人のオバサンを2時間にわたって私一人で独占状態。こういう状態に置かれると私は滅法強い。どういうわけか、私と一番ウマが合うのはオバサンなのだ。で、オバサンと調子イイ会話を交わしまくり、それまで私が知らなかった沢山の情報をタダで教えてもらうことになった。

たとえば、この家は現在「オクラホマ歴史協会」が所有・保存している。ソープが生まれ育ったのはオクラホマ州の他の街だが、この家を構えて暮らすようになったのは近くに親類一家が住んでいたから。この家で暮らしていたのは1915〜23年。最初の奥さんとの間に子どもをもうけた時期だ（ソープは生涯に3回結婚している）。

家の中をすべて見学し、オバサンから色々なことを教えてもらったが、こちらからオバサンにどうしても訊いてみたいことが一つだけ残った。訊いてはいけないことかもしれないけど、訊くしかない。〝ソープの人生は幸せだったんですかね？〟。オバサンは即答し

アメリカンフットボールの選手として活躍したことを伝える写真が目立つ

大リーガーでもあったことを伝える写真はこの1枚だけ

た。〝この家で暮らしていたときは間違いなく幸せだったわね。家族に恵まれ、近くに住んでいた親類ともトテモ仲が良かったようだし〟。私はホッとした。人は誰しも順風満帆の人生を送り続けることなどできはしない。一時期でも幸せであれば恵まれている方だとさえ言えるかもしれない。その時期を思い出しながら残りの人生を送れるのだから。……こういう考えは顰蹙《ひんしゅく》を買うに違いない。でも、これが私の人生観（の一部）なので。

米国の建国理念と正義と野球場

２０１４年2月、米国の名優フィリップ・シーモア・ホフマンが急死した（享年46）。そのホフマンが出演している米国映画『セント・オブ・ウーマン 夢の香り』（１９９２年）。傑作だが、特にラスト20分は素晴らしいの一言に尽きる。米国の建国理念や正義といったものが見事に描かれているからだ。そうしたラスト20分に、いかにも米国らしく〝野球場〟という言葉が出てくるのが嬉しい……。

野球場を意味する言葉として米国で最も頻繁に使われるのはボールパーク（ballpark）だけど、これじゃ何だか変ですよね。だって、ボールを使うスポーツなら何でもオーケーみたいな言葉ですから。でも米国でボールを使うスポーツといえば、なんたって野球なんです。米国で生まれた球技は野球の他にアメリカンフットボールやバスケットボールやバレーボールなどがありますが、どれも野球の歴史には敵いません。で、ボールパークといえば野球をするところとなるんです。

では、大リーグ全30球団各々に本拠地としている野球場があるが、その名前はどうなっているのか？　ボールパークという言葉を使っているのは極めて少ないのが現状。たとえば、ニューヨーク・ヤンキースの本拠地球場はヤンキー・スタジアム。ボールパークではなくスタジアムとなっているわけです。他にはフィールドとかセンターなどを使っている本拠地球場もあります。

本拠地球場にボールパークという言葉を使っている大リーグ球団が極めて少ないとはいえ、米国人に向かって野球場と言いたいときはボールパークという言葉を使うのが一番イイですし、必ず通じます。

ここで、冒頭に紹介した映画に戻ろう。ラスト20分でフィリップ・シーモア・ホフマン扮する高校生がballparkという言葉を吐いている。でも、野球場という意味ではなく。実は、ballparkという言葉は米国では〝だいたいの範囲で〟とか、〝おおよそ〟といった意味でも使われるのだ。……ナンデこんな意味でも使われるようになったかを説明すると長くなるので省略。知りたい人は自分で調べてください。

建国理念や正義を含めてアメリカを理解するには野球に興味を持たないとダメ。で、大リーグにも興味を持たないとダメ。……結局、この映画とは関係ない？　たしかに。それでも、大リーグに興味を持たないとダメです。

〝ベーブ〟と名乗った女性

ベーブ・ルースは大リーグ史上最大のスーパースターだ。それ故とも言えるが、ベーブ・ルースほど数多くのニックネームが付けられた大リーガーはいない（だいたい、〝ベーブ〟だって本名ではなくニックネームなのに、いつのまにやら本名みたいに使われるようになってしまったものだ）。すべてのニックネームをあげていたらキリがないので、少しだけ。〝The Bambino（バンビーノ：可愛い子ども）〟〝The Sultan of Swat（本塁打の皇帝）〟〝The King of Crash（轟音王）〟。

ところが、ナント、このベーブ・ルースの〝ベーブ〟を自分のニックネームだったからという理由で本名みたいに使っていた米国人女性がいる。しかも凄まじい能力を発揮し、その名が歴史に燦然と輝くスポーツ選手だ。ベーブ・ディドリクソン・ザハリアス（1956年、がんで死去。享年45）。……少女時代に野球で一試合に本塁打を5本打ったからベーブ・ルースに因んでベーブというニックネームが付いたと本人は言っていたようだが、事実はどうも違うみたい。でも、素敵な伝説となっていることにケチをつけたりするのは野暮というもんだろう。

さて。〝ベーブ〟が4歳から高校卒業まで暮らしていたテキサス州ビューモント市には、〝ベーブ〟を記念した博物館がある。州間高速道路10（Interstate 10：略してI－10）沿いにあるので、I－10を車で走りながら外観を見ることができる。私はI－10を爆走したことが数え切れないほどある。〝I－10の向井〟と自称しているくらいだ。で、その博物館の外観を車の中から何度も見ていたが、訪ねたことはなかった。いつも、ビューモント市は他の目的地に向かって爆走する際の通過点に過ぎなかったからだ。

２０１３年の初秋、遂に私は訪ねてみることにした。

I－10から下りてすぐ、〝へぇ、こんな風になっていたのかぁ〟と驚いた。博物館は広大な土地の端にポツンとあるのだが、その広大な土地すべてが「ベーブ・ザハリアス公園」となっていたのだ。その殆どが何面ものサッカー場で占められている。日曜日だったので、大勢の人がサッカーを楽しんでいた。すべてヒスパニック系の人。私は一人に〝君達は野球はやらないの？〟と訊いてみたが英語が通じない。スペイン語でないとダメみたい。次の人は英語が通じた。答えは〝野球には興味ないね〟。ふ〜ん、そう。

私は博物館の中に入ることにした。円筒形という変わった形の小さな博物館だ。中には円筒形の小さな部屋が一つあるだけ。中央のカウンターに黒人のオネエサンがい

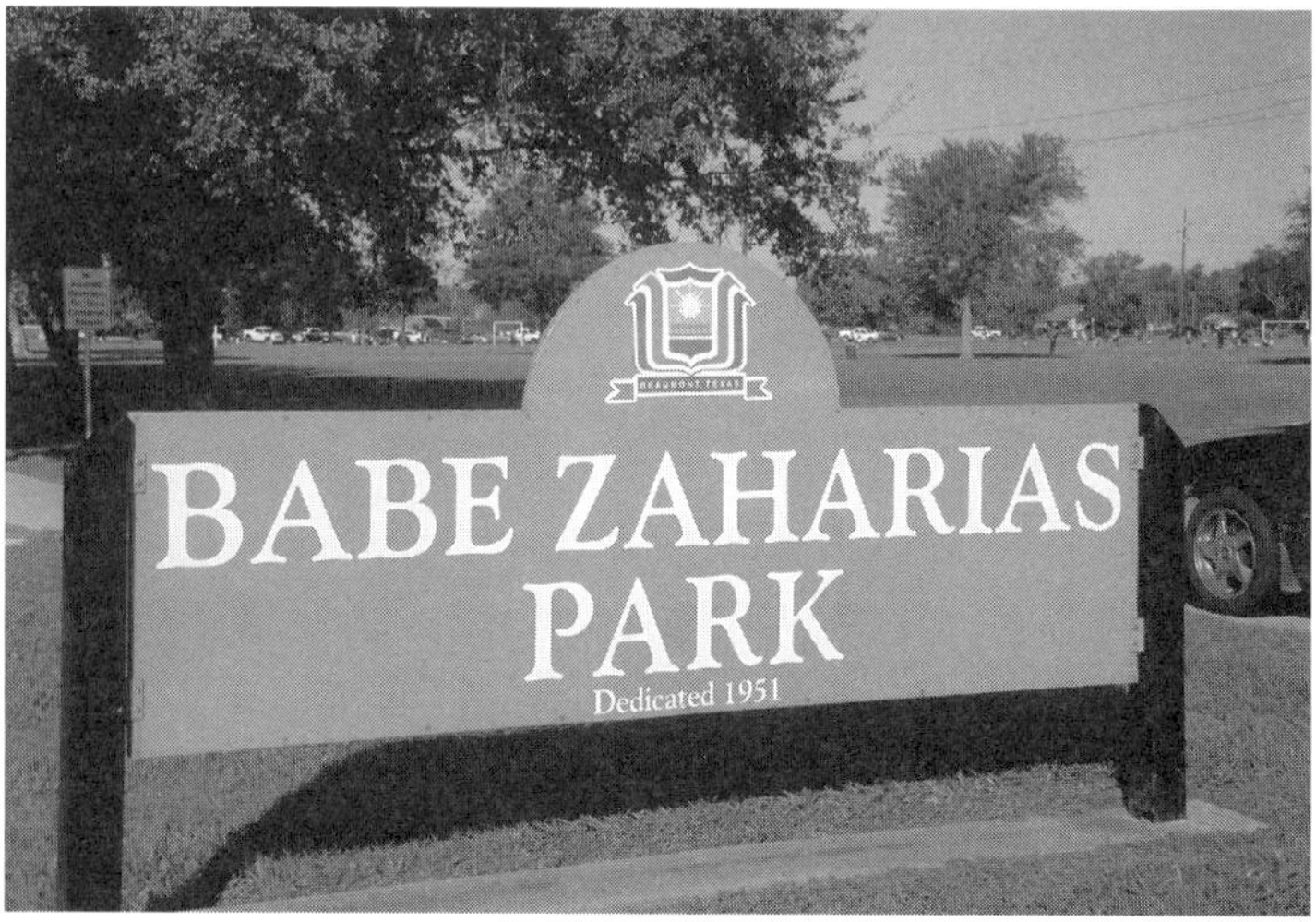

広大な「ベーブ・ザハリアス公園」の入り口

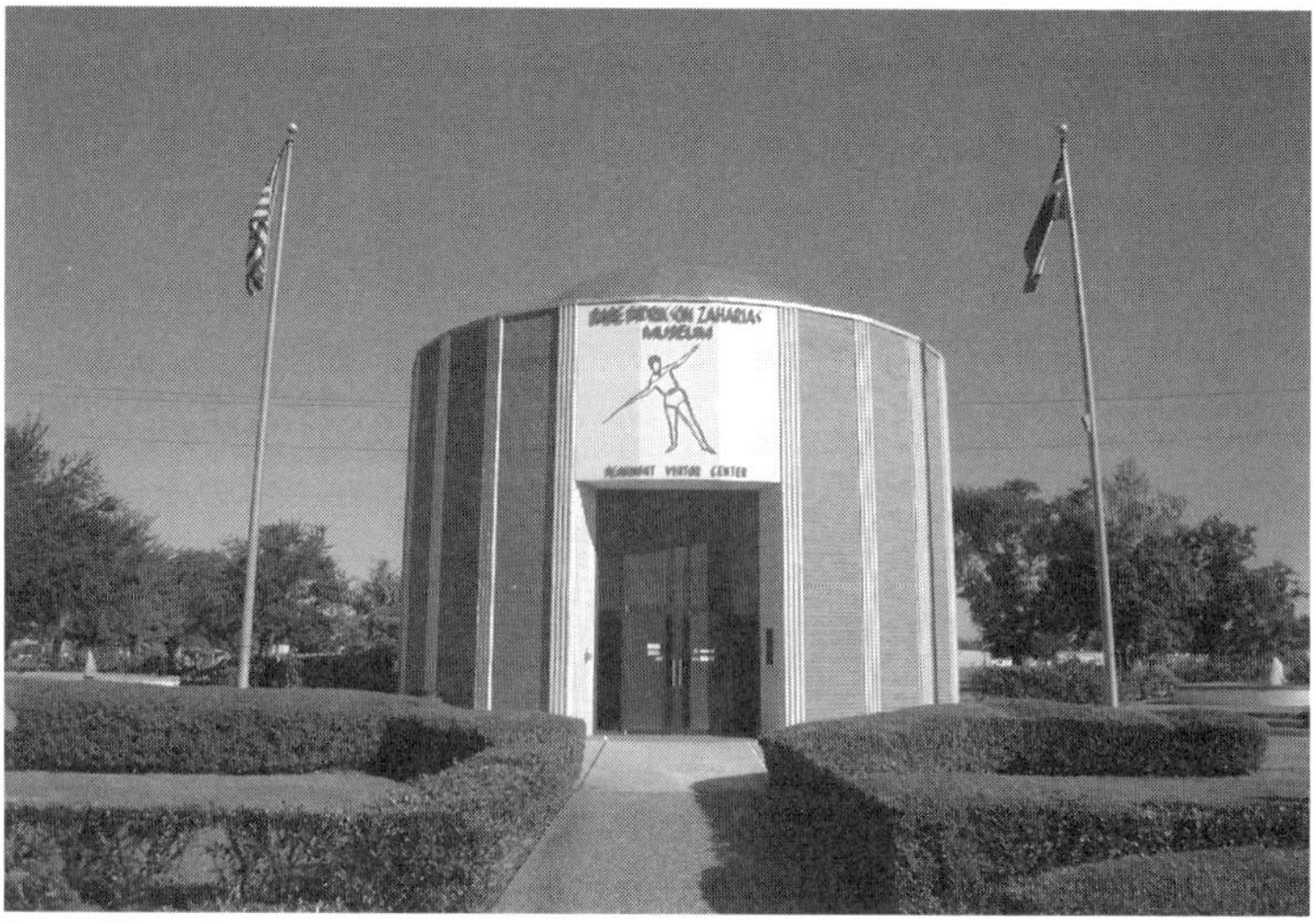

〝ベーブ〟を記念した、円筒形の博物館

陳列ケースと、ゴルフをする姿を描いた絵

るのを見た私は、こりゃマズイかもと思った。私はオバサンとはいつも相性がイイのだが、オネエサンとは相性が合わないことが多いのだ。オネエサンは私をチラッと見ると、それまでしていた読書にすぐに戻ってしまった。……やっぱりそうだよな。

　オネエサンが座っているカウンターの奥に、ゴルフをしている〝ベーブ〟を描いた大きな絵が飾られていた。さらに部屋の壁に並んだ陳列ケースには、陸上選手としての活躍を伝える写真やメダルが沢山置かれている（1932年のロサンゼルス・オリンピックでは金メダル2個、銀メダル1個を獲得）。でも展示品で圧倒的に多いのは、陸上選手として頂点を極めた後に始めたゴルフでの大活躍を伝えるものだ。……〝ベーブ〟は有名な大会で何度も優勝し、「女子ゴルフ殿堂」入りも果たしている。

私はオネエサンに写真を撮ってもイイかと訊ねた。オネエサンは顔を上げて〝イエス〟と答えると、すぐに読書に戻ってしまった。オネエサンの私への無関心ぶりには感動すら覚える。

〝ベーブ〟はバスケットボール、野球、テニスなどでも活躍したが、そういうことに関する展示品はホンの少しだけ。野球に関しては〝野球もやった〟という文章があるだけ。陳列ケースの上には〝ベーブ〟を記念して設けられた奨学金をもらった歴代スポーツ選手（すべてビューモント市のラマー大学の女子学生）の顔写真が名前入りで飾られている。これが最も私の印象に残った展示品だった。……ちなみに、〝ベーブ〟は大学では学んでいない。

私が博物館から出ようとすると、オネエサンが〝Have a nice day（良い一日をね）〟と声をかけてきたのでビックリしてしまった。

米国社会を変えた男

２０１３年、米国映画『42～世界を変えた男～』が日本で公開された。もちろん、私は公開初日に映画館に直行。なんせ、黒人に門戸を開かなかった近代大リーグの壁を突き破って初めて黒人大リーガーとなったジャッキー・ロビンソンの伝記映画だから。ちなみに〝42〟はロビンソンの背番号で、今は大リーグ全30球団で永久欠番となっている。

米国映画のＤＶＤコレクターの私は、映画館で観た作品でもＤＶＤを購入する。２０１４年３月、もう『42』のＤＶＤは発売されているだろうと思ってＴＳＵＴＡＹＡに足を運んだ。でも店内にはないようなので、店員さんにどうなっているのか訊いてみた。店員さんはチョット調べてから、こう言った。〝4月15日に発売されます〟。私は思わずニヤッとして言った。〝へぇ、けっこうやるねぇ。それって、ジャッキー・ロビンソンが大リーグでデビューした日だよ〟。店員さんはニコッとした。さすがＴＳＵＴＡＹＡ、店員さんは映画の内容がわかってるじゃん。

１９４７年４月15日、ロビンソンは大リーグにデビューした。今、４月15日は大リーグ機構によって「ジャッキー・ロビンソン・デー」と定められ、全30球団の全選手が背番号42をつけてプレーしたりする。

さて、前述の映画。私は感動したが、こうも思った。〝オレとは違って大リーグに興味のない人は感動するんだろうか？〟。でも、そんな心配は不要みたい。私の女房は大リーグに大して興味がないが感動したようだから。女房は仕事で米国に向かう飛行機の中で観て、感想メールを私に送ってきた。〝ジャッキー・ロビンソンは本当に凄い人ですね。どんなに差別を受けても怒らずに耐える姿が印象的でした。（中略）ジャッキー・ロビンソンの強さと忍耐力に感動しながら映画を観ていました〟。

ところで、この映画の原題は『42』だけだが日本では〝世界を変えた男〟とサブタイトルをつけている。ロビンソンという一人の黒人大リーガーが世界を変えたなんて大袈裟なんじゃないかと思う人がいるかもしれない。私は世界を変えたのは間違いないと思うが、それを伝えようとするとエラク長文になってしまう。でも、ロビンソンが米国社会を変えたことを伝えるのは簡単。そういう米国映画があるからだ。

ここでは、そうした米国映画を2本紹介しておこう。さりげなく伝えてくれている一本と、心を激しく揺さぶる一本。

まず、さりげない編。『ザ・ダイバー』（2000年）。アメリカ海軍で黒人初の上級潜水士となった男性の実話に基づく映画。貧しい農夫の息子として生まれた主人公は海軍で大勢の白人から凄い差別や嫌がらせを受けるが、それを上回る努力を続けて夢を果たす。そうした努力をしているシーンで、ラジオからジャッキー・ロビンソンのプレーを伝える実況中継がさりげなく流れている。

次は、心を激しく揺さぶる編。『コンラック先生』（1974年）。これも実話に基づいた映画。主人公は白人の青年教師。舞台は保守的な米国南東部サウスカロライナ州の小さな島。雑貨屋の主人以外の住民は全員黒人という島だ。島の小学校に赴任した主人公は、21人の黒人生徒が無気力なことにビックリ仰天。アルファベットも満足に言えないし、自分たちの国の名前も知らないし、島の向こうの海が大西洋であることも知らないときているのだ。

先生は、それまで島で行われていたのとは全く違う教育法をとる。生徒たちと同じ目線で語り合い、学ぶことの楽しさ、誇りを持って生きていくことの大切さを教えるのだ。生徒たちは次第に元気になり、学ぶことの楽しさと喜びを初めて味わうようになる。ところが、そうした教育法に反対の教育委員会によって先生は免職されてしまう。

早朝、島を船で去って行く先生を生徒たちが見送りに来る。先生は自分が教えた成果を確認するために元気いっぱいな口調で生徒たちにドンドン質問していくが、最初の質問は〝史上最高の野球選手は誰だ?〟。生徒が間髪入れず答える。〝ジャッキー・ロビンソン!〟。

『守備の極意』を読んで

2013年11月、米国の傑作小説の邦訳が出た。チャド・ハーバック著『守備の極意』

（上下巻、早川書房、訳・土屋政雄）。このタイトルから誤解する方がいるかもしれない。エンターテインメント系の野球小説なのではないかという誤解。たしかに野球小説という側面もあるが、ウィスコンシン州の大学を舞台に人生の岐路に立った様々な人々がどういう選択をして生きていくかということを切々と描いた純文学系小説だ。でも、ここでは野球小説という側面だけに焦点を絞ってしまうけど。

この小説には、遊撃手として天才的な守備能力をもつ学生が登場する。少年時代から大リーグの名遊撃手に憧れ、その名遊撃手が書いた『守備の極意』という本を愛読している。その名遊撃手の名はアパリシオ・ロドリゲス。ベネズエラ出身で、大リーグ球団セントルイス・カージナルスで18年間も活躍してゴールドグラブ賞（各守備位置で最も守備の巧い選手に与えられる賞）を14回受賞という設定になっている。

このアパリシオ・ロドリゲスは架空の人物だが、大リーグ通の方なら著者がこういう架空の人物を設定した粋な計らいに気付くはずだ。

１９７３年をもって大リーグから引退したベネズエラ出身のルイス・アパリシオという名遊撃手がいる。ゴールドグラブ賞を９回受賞して「野球の殿堂」入りも果たしているが、セントルイス・カージナルスに所属していたことはない。一方、主にセントルイス・カージナルスで名遊撃手として活躍しゴールドグラブ賞を13回も受賞した米国人大リーガーがいる。オジー・スミス。１９９６年で引退し「野球の殿堂」入りも果たしている。このオジー・スミスの守備の巧さは驚異的で、その名前からもじって〝オズの魔法使い〟というニックネームまでついていた。……オジー・スミスがゴールドグラブ賞を13回受賞するまでは前述のルイス・アパリシオの9回受賞が遊撃手としての大リーグ記録だった。

つまり、この小説の著者は実在の大リーガー2人をミックスして架空の人物をつくりあげたに違いないのだ。ちなみに、2人とも『守備の極意』といった本は書いていない。

大リーグに興味を持てば、米国の純文学系傑作小説の人物設定の妙まで味わえるということです。

さて、この小説の一節。「上着のポケットから、黄色いカバーつきの分厚い本が顔をのぞかせている。生まれて初めて給与小切手をもらった記念に、大学書店で買ったムラカミの新作だ」。このムラカミは村上春樹のことと考えるのが普通だろう。

『守備の極意』には、大リーグ球団ミルウォーキー・ブルワーズのブラウンというユダヤ系選手が大活躍しているという会話が出てくる。このブラウンとは2007年からブルワーズでプレーしているライアン・ブラウンだと思う。で、『守備の極意』の設定は2007〜11年に限られると思う。でも、その間に村上春樹の黄色いカバーつきの分厚い英訳新刊本は出版されていないと思う。……私の考えはどこかが間違っているのかもしれないけど。

ところで、村上春樹著『村上ラヂオ2 おおきなかぶ、むずかしいアボカド』（新潮文庫）に面白いエピソードが書かれている。ボストン・レッドソックス対ニューヨーク・ヤンキースの試合を観戦した村上春樹は試合経過なんかそっちのけでヤンキースの三塁手アレックス・ロドリゲス（通称Ａ・ロッド）の守備だけに見惚れていたというのだ。

私もＡ・ロッドがシアトル・マリナーズに所属していた頃に試合を観戦して、Ａ・ロッドだけに見惚れていたことがある。ただし、守備だけではなく打撃にも。当時のＡ・ロッドは素晴らしい遊撃手だった。動きが敏捷でグラブ捌《さば》きも抜群で。そして、打撃センスにも目を瞠《みは》るものがあった。その後、テキサス・レンジャーズに移ったＡ・ロッドは遊撃手としての守備に磨きがかかったし、３年連続本塁打王にもなった。

ヤンキースに移ってからは、デレク・ジーターというヤンキース生え抜きの遊撃手がいるために三塁手になるしかなかった。惜しい。

Ａ・ロッドは薬物使用で全試合出場停止処分となったシーズンもあった。薬物なんか使用しなくても攻守ともに素晴らしい力を発揮できる選手だったのに、あまりに惜しい。

話を『守備の極意』に戻そう。

重要な登場人物の多くが大学の野球部員なので、野球のプレーに関する描写がけっこう出てくる。詳しくて美しくて魅力的な描写。さらに、大リーグについてのヤケに詳しい言及もある。著者は大リーグ通なのだ。が、しかし……。

私も〝一応〟大リーグ通ということになっている。しかも、一家言を持った小うるさい大リーグ通。そんな私からすると、『守備の極意』にはチョット中途半端なんじゃないかなぁというところがあるのだ。

この小説では誰もが名遊撃手と認める学生が突然、一塁に悪送球を繰り返すようになってしまう。著者はこうした設定に関連して、大リーグで起こった同じような例をあげている。突然悪送球を繰り返すようになった内野手や、突然コントロールを失ってストライクがとれなくなった投手などだ。こうした現象を「スティーブ・ブラス病」と呼ぶことも紹介している（ブラスは大リーグ球団ピッツバーグ・パイレーツの投手。ボールをうまくコントロールすることが突然できなくなったことで有名）。でも、ニューヨーク・メッツのマッキー・サッサー捕手に起こったことも「スティーブ・ブラス病」と呼ばれたという表現だけで片付けているのはチョットなぁなのだ。そう呼ばれたことはたしかだが、私ならそれだけで片付けたりはしない。

捕手のマッキー・サッサーは盗塁を阻止するために二塁に送球することなどはきちんとできるのに、ボールを投手に投げ返すことだけが突然できなくなり何度も返球モーションを繰り返すようになったという特殊な例なのだ。で、「マッキー・サッサー症候群」(Mackey Sasser syndrome) という特別な言葉がある。

ところで米国映画『メジャーリーグ２』（１９９４年）では、野手にはきちんと送球できるのに投手にボールを投げ返すことだけがうまくできない捕手が登場します。これを映画の中だけの荒唐無稽な設定と思っている人が多いようですが、マッキー・サッサーからヒントを得たものに違いないんです。

ルーズベルト大統領の真意

〝野球で一番面白いスコアは8対7〟という言葉は野球好きの方なら誰もが知っていると言ってもイイほど有名。でも、この有名な言葉に関して多くの人（ひょっとすると日本ではすべての人）が誤解しているようだ。昔から今に至るまでズッと。

まず、この言葉は誰が最初に言ったのか？　米国のルーズベルト大統領。これを御存知の方は多い。では、第26代大統領セオドア・ルーズベルトと第32代大統領フランクリン・ルーズベルトのどちらなのか？　フランクリン・ルーズベルトと思っている方が圧倒的に多いが、セオドア・ルーズベルトと思っている方も少数ながらいる。正解はフランクリン・ルーズベルトです。では次に、この有名な言葉をフランクリン・ルーズベルトが言ったというきちんとした根拠・原典は何なのか？

実は、２人のルーズベルト大統領のうちのどちらで、その根拠・原典は何なのかということについて私は或る雑誌（２０１４年3月号）のインタビューで簡単に答えている。そして、詳細はその雑誌の２０１４年5月号に自分できちんと書いている。ところが簡単なインタビューの方だけがネットの或るサイトで引用され、それが他のサイトに引用されといった具合で広がり始めている。一番肝心なことが昔からの誤解のままで。で、誤解をきちんと正すために再び書いておきたいというわけです。……有名な言葉とされていることなどフランクリン・ルーズベルトは実際には言っていないというのが正しいんですから。

１９３７年1月23日、フランクリン・ルーズベルト大統領は『ニューヨーク・タイムズ』のジェームズ・P・ドーソン記者宛に手紙を書いた。全米野球記者協会ニューヨーク支部の第14回年次ディナーに出席できないことへのお詫びの手紙だが、自分の野球への熱い想いも情熱的に書き連ねている。そして手紙の終盤。1対0という投手戦が嫌いというわけではないが乱打戦の方が好きと告白してから、こう書いているのだ。「私が最高の試合と考えているのは、両チームの得点合計数が15点以上の展開をファンに見せてくれるものです。8対7のように」

これでおわかり頂けたと思う。きちんと根拠・原典にあたらずに伝える人が多いと実際とはニュアンスが違った内容が世の中で定着してしまうという、よくある例の一つです。

ここはホントに天国なんだ

私にとって特別な場所というのが米国には何ヵ所もある。定点観測をするみたいに何度も懲りずに訪ねている場所。その幾つかは大リーグと関連している。

そうした大リーグに関連した場所で私を最も惹きつけているのはアイオワ州ダイアーズビル市にある野球場。映画のロケのために造られた野球場だ。

米国映画『フィールド・オブ・ドリームス』（1989年）。失ってしまった貴重な機会や壊れてしまった人間関係を取り戻すセカンドチャンス（第二の機会）の素晴らしさなどを描いた傑作ファンタジーだ。

主人公はアイオワ州で農業を営むキンセラ。或る日、トウモロコシ畑で仕事をしていたキンセラはどこからともなく届いてきた不思議な言葉を耳にする。〝それを造れば、彼はやって来る〟。この言葉の意味をキンセラはこう理解した。〝トウモロコシ畑を潰して野球場を造れば、ジョー・ジャクソンがやって来る〟。

ジョー・ジャクソンは大リーグ史上に残る名選手だが、1919年のワールドシリーズで八百長をやったとされ大リーグから永久追放となった（1951年に死亡）。そして、キンセラの父親にとってはヒーローだった選手でもある。その父親はキンセラと喧嘩別れしたまま亡くなっていた。それを後悔していたキンセラがホントにトウモロコシ畑を潰して野球場を完成させると……。

この野球場、つまり映画のロケのためにアイオワ州ダイアーズビル市のトウモロコシ畑を潰して造った野球場が１９８９年の映画公開後も残され、大勢の観光客が訪れる有名な観光スポットになっている。

私がこの野球場を訪ねるようになったのはかなり遅い。ブレット・H・マンデル著『夢の球場の巡礼者たち　それからの「フィールド・オブ・ドリームス」』（２００３年、草思社、訳・小西敦子）を読んでからだから。ちなみに、この本の英語原題は映画に出てくるセリフをそのまま使った〝Is This Heaven ?〟（ここは天国かい?）。

本を読んだ私は驚いた。映画のロケ用に造ったにすぎない野球場に精神的安らぎや癒しを求めて訪ねている人が多いらしいのだ。〝そんじゃ、オレも一度は訪ねてみるか〟と思った私だが、結局は懲りずに何度も訪ねることになった。ここはホントに天国なのだ。その話をしたいと思う。

２０１４年８月、私は米国でドライブ旅行をしていた。いつものように田舎ばかりをアッチャコッチャ走り回る爆走ドライブ。いつものように日本の歌手のＣＤを聴きながら。

石川さゆり、都はるみ、森進一。……米国の田舎を「津軽海峡・冬景色」や「好きになった人」や「襟裳岬《えりもみさき》」を聴きながら爆走するのはサイコーです。感極まって涙してしまう自分が妙に可愛く思えてくるし、〝どこにいようがオレはやっぱり根っからの日本人だ〟と再確認できるので。

8月8日午後、アイオワ州ダイアーズビル市に到着。7回目の訪問だ。見慣れた野球場にすぐに行ってみたが観光客だらけ。で、野球場のそばにあるギフト・ショップに足を運んだ。すっかり顔馴染みになっているオバサンと目と目で挨拶を交わし合った後、映画公開25周年を記念した本が売られているのを発見。こんな節目の年にも来たなんてオレはついてるぜと思いながら3冊購入。そして、モーテルにチェックイン。

翌9日は野球場で朝から夕方まで過ごし、モーテルでさらに一泊。

翌10日。モーテルをチェックアウトして野球場へ行ってみると、観光客の米国人達が実に楽しそうに野球をしていた。この野球場では誰もが無料で好きなように野球をすることが許されているので、こうした光景を目にすることが多い。映画に出てくる父と息子が失われた関係を取り戻してキャッチボールをする泣かせるシーンを真似してか、親子で野球をしている観光客もいる。親子3代という観光客も。そういう方々の姿は実に微笑ましい。

私は野球場のそばに置かれたベンチに腰掛けた。そして野球をしている米国人達を眺め

親子3代で野球を楽しむ米国人観光客

ながら、ここを初めて訪れたときのことなどを思い出していた……。

この野球場を今は天国と思っている私だが、根っからの日本人なので米国人とは違って普段は天国についてあまり考えない（そういう根っからの日本人は私だけかもしれないけど）。で、この野球場を初めて訪問したとき一番気にしていたのは天国かどうかではなく別のことだった。

将来、イチロー役の俳優が登場する映画が製作されたらイチローは左打者として演じられるのが普通だろう。本物のイチローは右投げ左打ちなんだから。ところが『フィールド・オブ・ドリームス』に登場する有名な大リーガー、ジョー・

ジャクソンは普通ではない。本物のジャクソンはイチローと同じ右投げ左打ちなのに、真逆の左投げ右打ちとして演じられているのだ。これを〝間違い〟として多くの野球ファンが批判・失望の声をあげている。そうした声に対して映画の脚本と監督を担当したフィル・アルデン・ロビンソンは〝これはフィクションなので多少のズレはある〟といった説明をしているが、私にはロビンソンは本心を隠しているとしか思えない。ロビンソンは自分がわざわざ意図して行った脚色・演出にこんな批判・失望の声が起こるとは予想だにしていなかったので本心を言えなくなってしまったというのが私の考えなのだ。そして私がこの野球場を初めて訪ねたときの目的は、自分の考えを検証することだった。それは、この野球場が私にとって天国かどうかに関わることにもなったのだ。

私は、真逆にしたのは素晴らしい脚色・演出だと感心している。その理由を極《ご》く簡単に。

①この映画には原作小説がある。W・P・キンセラ著『シューレス・ジョー』（文春文庫、訳・永井淳）。この傑作小説では、ジャクソンが右投げか左投げかハッキリ書かずにぼかしている。打ち方については一切触れていない。この作品は死んだ人間が現世に登場する幽霊登場みたいなファンタジーなので、左右がわからないようにしてあるのはけっこうイイと私は思う。著者はわざとそうしたに違いないとも思う。

②ジャクソン以外にも既に死んでいる大リーガーが何人も登場するが、その中で一番重要なのはムーンライト・グラハム。本物は右投げ左打ちだが、小説では本人が〝右投げ〟と言う場面があるだけで、実際にはどう投げたかは書いていない。打ち方については一切触れていない。
③映画は小説と違って左右をハッキリさせないわけにはいかない。で、小説のファンタジー性（幽霊性？）を汲み取り意図的にジャクソンを真逆にしたのだと思う。グラハムも真逆にしたいところだが、小説で〝右投げ〟と言っているので投げるシーンはなしにして打ち方が逆の右打ちのシーンだけにしたのだと思う（実際、そうなっている）。
すべてが原作小説と矛盾していないのだ。それどころか、思い切った脚色・演出によってファンタジー性がハッキリしたものになっている。実にイイ。

こうした考えの私には映画のロケ用に造られ今も残っている野球場を訪ねて確かめたいことがあった。ひょっとしたら野球場の造りに問題があって真逆にせざるをえなかったという可能性もあると思ったのだ。しかし、その可能性はこの野球場を初めて訪ねたときに消えた。完璧な造りの野球場だったから。でも、それだけでは済まなかった。そこが私には天国に思えてきたのだ。
この野球場は完璧な造りだ。だからこそ、映画では既に亡くなっている有名な大リーガーが幽霊のように現れ〝ここは天国かい?〟とまで言って満足しているのだ。しかも、その有名選手はホントは右投げ左打ちなのに幽霊らしく真逆の左投げ右打ちでプレーしてくれている。ここまで徹底してくれたら、この野球場をホントに天国と思わないほうがオカシイとしか私には思えない。

私は米国には必ず野球のバットとグラブを持参して行く。草野球をしている人たちを見つけたら一緒に遊ばせてもらうためだ。これまで〝ボクも仲間に入れてくれませ~ん?〟と頼んでイヤな顔をされたり断られたりしたことは一度もない。米国もけっこうオモテナシのイイ国なんですよ。

私は右投げ右打ちだが、米国の草野球ではいつも左打席に立ってイチローのポーズを真似している。米国のほとんどの成人男性はポーズの意味がわかり〝イッチロー!〟と声をかけてくれるから嬉しい。

でも、私はダイアーズビル市のトウモロコシ畑を潰して造った野球場では野球をしない。どんなグループの仲間にも入らない。ここはホントに天国だからだ。天国で私ごときがプレーしてイイわけがない。だいたい、どうプレーすればイイというのだ。天国なんだからイチローの真似をして左打席に立つわけにはいかない。だからって、右打席でイチローの真似をするのは失礼だ。まだイチローは生きてるんだから。そんなこと考えずにオマエの素のままでプレーすればイイ？　いや、そんな芸のないことを天国でするなんて私のプライドが許しません。

こういう私を変なヤツと思う方々がいるでしょうけど（そう思わない方は一人もいないかもしれないけど）、これが私の生き方なので仕方ない。


ところで。２０１３年１月、米国からニュースが伝わってきた。この野球場や周囲のトウモロコシ畑を含めた広大な土地を投資家グループが３４０万ドルで買い取ったというのだ。しかも、その土地に24個の球場や色々な施設を造って〝オールスター・ベースボール天国〟にするのだという。13年後半に着工して14年には完成させる予定とのことだった。

このニュースを知った瞬間、私は思った。〝そんなもん建設してもオレは絶対に天国とは認めないぜ。亡くなった大リーガーが満足しながらプレーしたことが一度もない野球場は天国じゃないんだよ〟。

こういうド派手な施設を造るという計画を知ると、トウモロコシ畑の中にポツンと存在する野球場だからこそイイ、そういう野球場だからこそ天国に値すると思いませんか？　ちなみに、私はこの野球場を初春に訪ねるのが一番好き。雪は解けたが周囲にトウモロコシはまだ生えておらず、観光客は一人もいない。亡くなった大リーガーが再び現れるのを静かにジッと待っている野球場。もっとも天国らしい佇《たたず》まいと私には思えるのだ。この時期

まだトウモロコシが生えていない初春の天国

に訪ねれば誰もがここはホントに天国なんだと思うようになると思う。天国と思わない人がいたら、私としては残念としか言いようがないわけですけど。

では、この計画はどうなったのか？　私はこの野球場を7回訪ねているが、そのうち3回はこの計画がどうなったかをチェックするためだ。そして、この計画が2014年夏の時点でも何も進行していないことを確認済み。どうも財政的な問題から計画が進まないらしい。……私はとりあえずホッとしているが、これからも油断せずに何度でもチェックしに行くつもりだ。

事実と物語に関する私見

前回、米国映画『フィールド・オブ・ドリームス』（1989年）では1951年に亡くなっているジョー・ジャクソンが現世に幽霊のように登場することについて書いた。本物のジャクソンは右投げ左打ちだが映画では真逆の左投げ右打ちとして演じられていることも。この真逆を多くの野球ファンや大リーグ通が〝間違い〟として批判・失望しているが、私は原作小説のファンタジー性（幽霊性？）を活かした素晴らしい脚色・演出だと感心していることも。でも、感心している理由を極く簡単にしか書かなかった。で、ここでもう少し詳しく書いておこうと思う。

この映画の原作となっている傑作小説、W・P・キンセラ著『シューレス・ジョー』（1985年、文藝春秋、訳・永井淳）でジャクソンの守備について一番詳しく描いているのはレフトの守備位置でフライを捕る場面だ。「数歩左へ移動し、右手をあげて捕球の合図をしてから、一、二秒間ボールの落下点で静止し、ボールをキャッチすると同時にき き腕に持ちかえて、矢のように内野へ返球する」。どうですか、これで右投げか左投げかハッキリわかります？　ハッキリしませんよね。著者は意図的にそうしていると考えるのが普通ではありませんか？　……ちなみに私は英語原著も読んでいるので、この邦訳が正確な名訳と保証します。

次に原作小説におけるジャクソンの打撃。打つ場面は出てくるのに、左右どちらの打席で打っているのかはまったく書いていない。これも意図的としか私には思えない。でもジャクソンの打球がどの方向に飛んだかを書いているときはすべてレフトに飛んでいることになっているし、〝糸を引くようなライナーでレフト側に飛んだホームラン〟といった表現さえ出てくる。となれば、右打ちか左打ちか書いていないとはいえ、本物とは逆の右打ちとにおわせたい意図があると考えるのが普通だろう。

映画は原作小説のファンタジー性を見事に表現していると思う。文章と違って映像は左右どちらかハッキリさせないといけないから真逆にしているのだ。こうした物語としての小説や映画のファンタジー性というものをまったく理解せずに真逆は〝間違い〟として批判・失望している野球ファンや大リーグ通の方々に私から訊いてみたいことがある。

批判・失望している方々の殆どが逆の右打ちという打ち方だけにこだわっているようなので、ここでは打ち方についてだけにしておく。

映画でジャクソンの打ち姿が出てくるのは、農場を経営する主人公が投げるボールを打つシーンのみ。つまり素人相手に打つシーンだけ。プロは素人相手に本気で打ったりせずに気楽なフリーバッティングをするのが普通なのではないか。野球ファンや大リーグ通ならそういうもんだと思うと私は思う。ところが、映画のジャクソンはまるで試合中みたいに本気で打っている。野球ファンや大リーグ通として批判・失望するならこの点についても批判・失望を表明して欲しいと思う。でも、そういう人はいないようだ。どうして批判・失望を表明しないんですか？

映画の中のジャクソンは本気で打っているわけだが、その打法は本物のジャクソンが試合中に本気で打っていたときの打法とは違う。打席での構え方、打ち始めてからの重心移動が本物のジャクソンとは全然違うのだ。大リーグ通として批判・失望するならこの点にも言及すべきと思うが、そういう人はいないようだ。どうして言及しないんですか？

種明かし（？）をしてしまえば、私の問いには〝逆の打ち方という一番重要なことを指摘すれば、他の細かいことはどうでもイイんだよ〟と答えればオーケーです。私だって、逆の打ち方という素晴らしい脚色・演出をしてくれているから他の細かいことは気にしていないし。で、この議論は平行線のまんまオシマイにするのがイイのかも。

悲劇のヒーローが暮らした家

大リーグの歴史に残る名打者、ジョー・ジャクソン。通算打率3割5分6厘は歴代3位だ。しかし、1919年のワールドシリーズで八百長に関わったとして永久追放となってしまう。……ジャクソンがホントに八百長に加担したかどうかに関しては諸説あって議論が絶えない。もし加担していなかったらジャクソンは悲劇のヒーローということになるが、そう考えるファンは大勢いる。

米国映画『フィールド・オブ・ドリームス』（1989年）では農場を経営する主人公がトウモロコシ畑を潰して野球場を造ると、既に亡くなっているジャクソンが幽霊のように現れプレーする。この映画のロケのためにアイオワ州ダイアーズビル市のトウモロコシ畑を潰して造った野球場が今でもきちんと残っていて、観光名所になっていることは前述した。

さて、2014年の春。米国でドライブ旅行をしていた私はアイオワ州ダイアーズビル市に立ち寄った。もちろん、トウモロコシ畑を潰して造った野球場を訪ねるためだ。6回目の訪問だった。この野球場でボーッとしているだけで楽しいのでモーテルに2泊することにした。

その2泊後。早朝、モーテルをチェックアウトしてから誰もいない野球場でしばらく過ごした私は、車の中に戻って地図を広げた。さ〜て、これからどこに行くことにするかな。チョット待てよ、きょうは火曜日か。ということはだ、あそこに金曜日の夜までには行けるじゃないか。よ〜し、あそこに行こう！

ジョー・ジャクソンが晩年を過ごした家

サウスカロライナ州の小都市グリーンビル。ジャクソンが晩年を過ごした家が残っていて、今は博物館となっている。……実は、私はこの博物館に行こうとしたことが2回あった。ところが、この博物館は土曜日の午前10時から午後2時までしか開いていない。で、どうしても日程が合わず2回とも実現できなかった。今度こそ実現できそうだ。

米国中西部アイオワ州と南東部サウスカロライナ州は相当離れている。半端な距離ではない。でも、私にとってはどうってことない。ひたすら車を走らせればオーケーだ。

ひたすら車を走らせたら予定より早く木曜日の昼に博物館の前に着いてしまった。さほど大きくはないが、手入れが行き届いた綺麗な家だ。

またしてもモーテルに2泊。そして土曜日のジャスト午前10時、私はジャクソンが晩年を過ごした家のドアをノックした。

品のイイ老婦人が優しい笑顔で出てきてくれた。〝マキオ？〟〝えぇ〟〝待ってたわよ。さぁさぁ、中に入って。わざわざ日本から来てくださったなんてホントに嬉しいわ〟。……私は事前にメールで連絡をとっていたのだ。この土曜日が特別休館日などではないことを確認しておきたかったから。

中に入ると、老婦人の旦那さんが館内を案内してくれるという。恐縮してしまった私が〝宜しくお願いします〟と言うと、旦那さんはニコニコしながら言った。〝私は北海道の稚内にいたことがあるんですよ〟。こういうことを突然聞かされても私はまったく驚かない。米国のそこいらじゅうをドライブしまくっている私は、そこいらじゅうで同じようなことを聞かされるという経験をしているから。で、すぐに訊いてみた。〝軍の基地に関連したお仕事でですか？〟〝そうです〟。

御存知ない方がいるかもしれないので念のために言っておくが、かつて稚内には米軍基地があった。

それにしても、有名な大リーガーが暮らしていた家を日本と縁のある方に案内してもらえるなんて世間は狭いと思わざるをえません。

工場で働いていた少年時代のジャクソン

ジャクソンの独特な打撃フォームの写真

旦那さんは館内を一通り案内した後、〝あとは御自分で好きなようにご覧になった方がイイでしょう〟と言ってくれた。こういう、お節介が過ぎない気配りは実にありがたい。私は気兼ねなく玄関口にあるスペース、大小さまざまな4部屋を隅から隅までジックリ見学することができた。

かなりの数の写真や記念品などが置かれていた。経済的に恵まれない家庭に生まれ満足な教育も受けることができずに工場で働いていた少年時代のジャクソンの写真。野球選手という天職を得て潑剌《はつらつ》としているジャクソンの写真。腕が長く手が大きかったジャクソンが使っていた驚くほど重くグリップ部分が太いバット。あのベーブ・ルースさえ参考にして真似たと言われるジャクソンの独特な打撃フォームの写真。永久追放後のジャクソンの有名な言葉も掲げられていた。〝私がどんなときも野球ではベストを尽くしたことを神様は知っている……〟。どれにも私の心は揺さぶられたが、最も激しく揺さぶられたのは或る部屋に入ったときだった。

1951年、63歳のジャクソンが息を引き取ったという部屋。今は写真や記念品が置かれているだけで、ベッドなどはない。その部屋で私が痛切に思ったことがある。

この部屋でジャクソンはどういう思いを抱きながら世を去ったんだろう？　ホントに八百長に加担したかどうかはともかく、疑われても仕方がないことをしてしまったのはたしかなんだよな。そうしたことすべてを含めてジャクソンはどういう心境で世を去ったんだ

ジャクソンが息を引き取った部屋

ベーブ・ルース(左)と
語り合うジャクソン

ろう？　そんなこと、いくら考えてもオレにわかるわけないか。でも、オレにだって多少はわかることがある。恵まれない境遇で育ちながらも努力を重ねて掴んだ栄光が消えてしまったときの喪失感、やりたいことができなくなってしまったときの絶望感。

私が部屋の中でジャクソンの人生について考えながら涙をこらえていると、ヤケに陽気な話し声が隣室から聞こえてきた。

誰が来たんだろうと思いながら隣室に行ってみると、観光客が管理人御夫妻に話しかけている。中年の米国人男性で、見るからに陽気で親しみやすい感じ。こういう男性と話をするのが大好きな私が近づいていくと、管理人御夫妻が気を利かして私をその男性に紹介してくれた。〝この方は日本から訪ねてきたんですよ〟。その途端、男性が私に話しかけてきた。〝そんじゃ、バレンティンを知ってるよね？〟。バレンティン？　それって何のこと？　私がポカ〜ンとしていると、男性が言った。〝バレンティンはオレの友人なんだけど、日本でチャンピオンになっただろ？〟。やっと意味がわかった。２０１３年、日本のプロ野球新記録となる年間本塁打60本を達成したウラディミール・バレンティンのことだ。

チャンピオンという表現が適切かどうかチョット疑問だったが、こりゃヨイショしないといけないと思った私は〝そうです、バレンティンは日本で凄い記録を達成してチャンピオンになったんです〟と答えた。でも、こんな答えだけじゃヨイショが足りないかもしれない。で、他に何か言うことはないかと考えた私はイイことを思い付いた。すぐそばに全盛期のジャクソンがベーブ・ルースと語り合っている写真が飾ってあったのだ。その写真を指さしながら〝ベーブ・ルースは大リーグで年間本塁打60本を初めて達成したけど、バレンティンは日本で初めて年間本塁打60本を達成したんですよ〟と言うと、男性は大喜びしてくれた。

それにしても、世間は狭いので驚く。米国の小都市で日本のプロ野球新記録を達成した選手の友人と出会ったりするんだから。そういえば、他にも世間は狭いと驚く出会いがあった……。

悲劇のヒーローが暮らした家：番外編

サウスカロライナ州の小都市グリーンビルに保存されている、ジョー・ジャクソンが晩年を過ごした家。ここを訪ねた私が管理人御夫妻から教えられたことがある。ジャクソンが晩年を過ごした家は元々は5キロほど離れたところにあったのだが、ジャクソンの死後55年にあたる2006年に今の場所に移されたそうだ。その年に立派な野球場が完成したので、そのそばにあった方がイイだろうということで。

というわけで、今は博物館となっているジャクソンの家は道路を挟んで立派な野球場の真向かいにある。

実は、私は博物館を訪問する前にその野球場の中を見学していた。

土曜日しか開いていない博物館を絶対に訪問したいと思った私は、万全を期して木曜日の昼に現地に到着していた。そして博物館を外からノンビリ眺めていると、背後から〝チョット、君〟と声をかけられた。振り向くと、初老の白人男性がニコニコしながら立っている。〝君は日本人だね？〟〝えぇ、そうです〟〝やっぱりそうか。私の息子は日本人女性と結婚しているんだ〟。男性は携帯電話の画面にお孫さんの写真を出して見せてくれた。突然で意外な成り行きにビックリして無言のままだった私だが、ここで態勢を立て直した。〝可愛いお孫さんですね〟。

写真を見ながら二人でしばらく和《なご》やかに話をした後、男性が言った。〝君にあの野球場の中を案内してあげよう〟。でも野球場のチケット売り場は開いていないし、入場門はホンの一部しか開いていない。無断で中には入れないだろう。それとも、男性は野球場と何か特別な関係があるから入れるのか？　そんな私の気持ちなどお構いなしに男性はホンの一部しか開いていない入場門からスタスタ入って行く。へぇ、ホントに入れちゃうんだ。そんじゃ、オレも入っちゃおう。

門を抜け階段を上ると観客席の通路に出た。眼下には、緑の芝生が太陽の光に映えて実

マイナー・リーグ球団グリーンビル・ドライブの本拠地球場の正門

フェンウェイ・パークを真似たグリーンモンスター

に綺麗なグラウンド。人がパラパラいるが、今夜の試合のために準備をしているそうだ。

大リーグ球団ボストン・レッドソックス傘下のマイナー・リーグ球団グリーンビル・ドライブの本拠地球場「Fluor Field at the West End」。何から何まで親球団レッドソックスの本拠地球場「フェンウェイ・パーク」とソックリになるように造ってあるのだという。たしかに驚くほど似ている。

でも、フッと疑問が湧いて来た。フェンウェイ・パークを真似てレフト側に緑色の巨大なフェンス（通称・グリーンモンスター）があるのだが、高さが本家のものより低いように見えるのだ。〝グリーンモンスターは丈が低くありませんか？〟〝よく気付いたね。たしかに低いんだ。そうしないとフェンスの向こうの建物がよく見えなくなってしまうからね。……そうだ、チョットの間だけ一人で見学していてくれたまえ〟。

男性はどこかに消えたが、すぐに何やら手にして戻って来た。〝はい、君へのお土産〟。グリーンビル・ドライブのロゴが入った赤いTシャツだ。ありがたく頂戴することにした。

男性と野球場の関係については訊かなかった。本人が言おうとしないのに訊くのは失礼と思ったので。

私たちが門の前で別れると、男性は今夜の試合のために露店を準備している人たちと話を始めた。笑顔で、ヤケに親しげに。

赤い服、黒い服、青い服

フランスの小説で私が一番好きなのは、19世紀にスタンダールが書いた『赤と黒』。有名な小説ですが、ヘンテコリンなタイトルですね。こんなタイトルにした理由って一体何なんでしょうね。スタンダール自身はハッキリ説明していませんが、世に最も流布している（と思う）説は主人公が出世の手段にしようとした職業と関連づけているものです。

野心満々の主人公ジュリアン・ソレルは軍人として出世することを目論むが、それが叶わないと次に聖職者として出世することを目論んで……。『赤と黒』の赤は軍服の色、黒は聖職者の服の色ということ。

さて、既に触れたことがある米国映画『オールド・ルーキー』（２００２年）。高校の理科の先生が35歳で大リーガーになったという実話に基づいている。先日、この映画を久しぶりにＤＶＤで観て急に思い出したことがある……。

この映画には、高校の野球の試合で監督が投手交代を告げるためにベンチから出て〝Blue（ブルー）！〟と叫ぶシーンがある。さらに、大リーグ傘下のマイナー・リーグの試合で監督が投手交代を告げるためにベンチから出て〝ブルー！〟と叫ぶシーンもある。

この〝ブルー！〟を日本語吹き替えでは〝タイム！〟と訳している。投手交代を告げるシーンなので適切な訳だと思うが、この〝ブルー！〟の本当の意味は〝審判！〟なのではないかと思う。……〝ブルー〟に〝タイム〟という意味はないと思うけど、もしあったらゴメンナサイ。

野球の審判はブルー（青色もしくは紺色）の制服を着ているので、米国の野球界では〝ブルー〟が審判を意味する俗語となっている。昔から続く、けっこう知られた俗語だ。

ちなみに、今の大リーグではこの俗語が公然と使われることはないと思います。〝審判！〟と声をかけたいときは、きちんと〝Umpire（アンパイア）！〟と言っているのではないかと思います。ただし、審判の判定に対して監督や選手が〝ふざけんじゃねえよ。今の判定は何なんだよ。審判は居眠りしてたんじゃねえのか〟と頭に来たときに〝Wake up, blue（目を覚ませ、審判）！〟という米国の野球界では昔から有名な言い回しを使っているかもしれません。使ったら、すぐに審判から退場を命じられる可能性が高いんじゃないかと思いますけど。

面白い野球場がオープンした

2015年8月9日の夜、私は米国のミネソタ州北部（もうチョットでカナダという場所）のモーテルにいた。ここまで北に来ると、8月なのに夜は寒い。モーテルのエアコンを暖房にしないと寒くて寝付けないくらい。

その日、寝る前にフッと思い出したことがある。〝そういえば、面白い野球場が今年の6月にオープンしたんだよな〟。で、すぐにインターネットで調べてみた。その野球場を本拠地としている球団が他の地に遠征などせず、その野球場で試合をしているかどうかをだ。10日からしばらく本拠地球場で試合をする予定になっていることがわかった。よ～し、その野球場まで行くぞ！

翌10日、私は南下することにした。米国縦断だ。なんせ、出発地点がカナダとの国境近くで目的地は南部のミシシッピ州だから。こういう場合、私は一気に中一日で縦断してしまう。チンタラ縦断しても意味がない。ひたすら走り続け、早く目的地に着くにかぎる。

自分のトシも考えずにホントに中一日で縦断したので、目的地に着いたときには疲労困《こん》憊《ぱい》でヘレヘレ。すぐにホテルにチェックインすることにした。……ちなみに、私は米国でドライブ旅行をしているときは宿泊料金の安いモーテルにしか泊まらないと決めている。でも、その日にチェックインすることにしたのはヤケに大きくて立派なホテル。私にしては贅沢の極みだが、どうしてもそうするしかない事情があった。

ホテルのフロントで〝野球場が見える部屋にしてくれません？　できるだけ高い階の部

屋がイイんですけど〟と頼んだ。実は、そのホテルの高い階からだと目的の野球場の全景がバッチリ見えるのだ。

25階の部屋に入った私はすぐに窓際に行ってみた。やっぱり野球場の全景が見える。しかも、試合の真っ最中ときているではないか。午後7時だが、まだ日は暮れず明るい。

結局、私はそのホテルに3泊もした。でもホテルに籠もったまま過ごしてしまい、野球場には一度も足を運ばなかった。ホテルの部屋から試合を観たのはチェックインした日にチラッとだけ。野球好きと公言しているわりにはヒドイ暴挙だが、その野球場がどこにあるかを考えれば許されるんじゃないかという気もする。ホントに面白いというかヘンテコリン（？）なところにあるので、私にしてみれば野球観戦どころではなかったのだ……。

メキシコ湾に面したミシシッピ州ビロクシー市。２００5年に大型ハリケーン「カトリーナ」で大被害を蒙《こうむ》ったが、着実に復興している。このビロクシー市に２０１5年6月、新たな野球場がオープンした。大リーグ球団ミルウォーキー・ブルワーズ傘下のマイナー・リーグ球団「Biloxi Shuckers：ビロクシー・シャッカーズ」の本拠地球場。……大リーグの30球団それぞれが傘下にマイナー・リーグ球団を幾つも持っていて、すべてを合わせると数百にもなる。色々な段階に分かれているが、ビロクシー・シャッカーズは一番上のＡＡＡに次ぐＡＡに属している。

さて、問題の野球場。ビロクシー市が建設したものだが、球場名は「MGM Park」。「MGM Resorts International」という会社が命名権をゲットしたからだ（このMGMは映画で有名な、あのMGMから由来しています）。そんじゃ、ナンデこの会社が命名権をゲットしたのか？　この会社に属する「Beau Rivage Resort & Casino」が野球場のすぐそばにあるから。これでわかりました？　ようするに、野球場のすぐそばにカジノホテルがあるわけですよ。そして既にお気づきでしょうが、私はそのカジノホテルに3泊したわけですよ。野球の試合を観戦するよりカジノで遊んでいた方が楽しいわけですよ。ホントに野球好きにあるまじき暴挙ですね。

カジノホテルでは入り口の大きな看板ネオンに野球場の名前を表示したり、屋内のそこいらじゅうに〝野球の試合を観に行きましょう〟という掲示をしている。それでも、野球好きの私が行く気にならない。野球もカジノの面白さには敵わないということなのか？

大リーグにはギャンブル汚染と闘った歴史があるのに傘下でこういうことをしてイイのか？　イイんじゃないですかね。面白いし、今のカジノは野球を汚染するような場所とは思えないし。

カジノホテルの入り口の看板ネオンに表示された野球場の名前

試合中のMGM Park（ホテルの25階の部屋から撮影）

さすがはジョージ・クルーニー

米国の人気俳優ジョージ・クルーニーについては既に触れたことがある。その理由は、クルーニーには大リーグ球団の入団テストを受けた〝過去〟があるから。それほど野球が好きな人を私が好きにならないわけがないわけです。

それにしてもクルーニーにまたしても触れるのはチョットしつこいですが、それを承知で触れることにしたキッカケは朝日新聞の報道です。

２０１５年５月末に新作映画の宣伝のために来日したクルーニーは朝日新聞のインタビューに「初仕事をくれた日本には、ずっと親近感を持っている」と語ったそうだ。日本にずっと親近感を持っている人を私が好きにならないわけがない。で、私のクルーニー好きは２乗になったわけです。……１９８３年、駆け出しの俳優だったクルーニーの初仕事はパイオニアのコマーシャル。そのコマーシャル制作に携わった元電通社員の方が朝日新聞のインタビュー記事を読んで名乗り出て、当時のクルーニーのことを語ってくださったと朝日新聞大阪本社版が報道したのは9月15日。

さて。クルーニーが脚本も務めた映画『グッドナイト&グッドラック』（２００５年）。

1950年代前半、民主主義を脅かし国民を恐怖に陥れるほど極端な反共産主義運動が米国で起こった。これに対して敢然と戦いを挑んだエド・マロー（全米放送局CBSのテレビで活躍していたジャーナリスト）を描いたもの。傑作だが、特にセリフが粋で素晴らしい。たとえば、エド・マローが戦いの火蓋《ひぶた》を切る1953年のシーンの冒頭でCBSのスタッフが口にするセリフ。〝ロイ・キャンパネラの話題のトップにこれを加えて〟。

ロイ・キャンパネラは黒人大リーガーだ。1953年には捕手の年間最多本塁打記録を達成し、ナショナル・リーグの最優秀選手にも選ばれている。……1953年の時代の空気を伝えるためにロイ・キャンパネラを使うなんて、さすがは野球好きのクルーニーと私は嬉しくなる。

〝な〜んだ、それだけのことかよ〟とケチをつける大リーグ通の方がいるかもしれない。そういう方に私から質問。〝そんじゃ、現時点での捕手の年間最多本塁打記録保持者は誰？〟。ジョニー・ベンチだとかハビー・ロペスだとか意見が割れていますが、正解は誰なのかを根拠をきちんと説明して即答できます？　できない人を私は大リーグ通とは認めたくないんだけど。

ネブラスカ州の聖パウロ

米国のセントポール市といえば、ミネソタ州のセントポール市を思い浮かべるのが普通だと思う。ミネソタ州の州都で、かなり有名だから。でも、セントポールという名の市は他の州にもある。……日本と違って米国には同じ名の市がいくらでもある。

ちなみに、セントポールは英語ではSaint Paul。聖パウロのことです。イエス・キリストの〝12使徒〟には含まれませんが、使徒と呼ばれ敬われている人です。

さて。ネブラスカ州にもセントポールという名の市がある。こちらは州都ではない。それどころか、人口２５００人ほどという小さな市。

２０１５年の夏。米国でドライブ旅行をしていた私は、この小さな市にある「ネブラスカ大リーグ博物館」を訪ねた。ナンデ人口２５００人ほどという小さな市にこんな大袈裟な名の博物館があるのかいなと不思議に思う方が多いでしょうね。こういう名の博物館はそれなりの都市にあると考えるのが普通ですもんね。でも、きちんと納得できる理由があるんです。

私が博物館の前に車を駐めたのは土曜日の午前8時半。車から降りて博物館の掲示を読むと、土曜日の開館時刻は午前10時とのことだった。エラク早く来てしまったわけだ。車の中で文庫本を読みながら10時まで待つことにした。

ところが、9時に一人の白人男性が博物館の鍵を開けて中に入って行くではないか。どうやら開館準備をしているらしい。しばらくして男性が再び外に出て来たので、私は車の窓を開けて声をかけた。〝あの、チョット。きょうの開館時刻は10時ですよね？〟。男性はビックリしていた。こんなに早く来て待っているヤツなんて初めてなのだろう。でも、とても親切な男性だった。〝今すぐ入れてあげましょうか？〟と言ってくれたのだ。そんな御厚意に甘えるわけにはいかないので、〝開館時刻まで待ちます〟と答えた。

男性は立ち去ったが、9時20分に戻って来た。そして〝さぁ、入りましょう！〟と言ってくれた。今度は御厚意に甘えてもイイだろう。車から降りた私は、まずは男性に博物館の前に立ってもらって写真撮影。

その男性の名はローレン・スタッドリー。

私が日本から訪ねて来たと言うと、管理人のローレン・スタッドリーさんはメチャクチャ喜んでくださった。

では、こんな小さな市に「ネブラスカ大リーグ博物館」という大袈裟な名の博物館がある理由。私にはわかっていたが、確認するためにスタッドリーさんに訊いてみた。予想通りの答えが返ってきた。〝グローバー・アレキサンダーがここの近くで生まれ、ここの高

博物館の前に立つローレン・スタッドリーさん

校に通い、晩年もここで暮らし、遺体もここの墓地に埋葬されているからです〟。私がすかさず〝アレキサンダーは大リーグで初めて2年連続で投手三冠王になったんですよね〟と言うと、スタッドリーさんは〝オヌシ、やるな〟という表情を浮かべてくれた。

投手三冠王とは防御率と勝利数と奪三振数がトップになること。こんな凄いことを2年連続で達成した投手は長い歴史を誇る大リーグでもアレキサンダーを含めて4人しかいない。というわけで、「ネブラスカ大リーグ博物館」がアレキサンダーの故郷の小さな市にあっても誰もオカシイとは思わないんです。

この博物館にはネブラスカ州出身の大リーガーすべての展示があるが、最も広いスペースをとって展示されているのは当然アレキサンダー。その展示スペースでスタッドリーさんが〝これはアレキサンダーの伝記映画の写真です〟と指し示した瞬間、私はすぐに〝この映画の主演俳優は若い頃のレーガン大統領ですね〟と言った。またしてもスタッドリーさんの表情は〝オヌシ、やるな〟。

スタッドリーさんはアレキサンダー以外の選手の展示も丁寧に案内してくださった。

ネブラスカ州出身の大リーガーは「野球の殿堂」入りも果たした7人を含めて約150人とのことだった（ネブラスカ州で生まれた人だけではなく、生まれや育ちは他の州だがネブラスカ州の大学で学んでから大リーガーになったという人も含まれているようだ）。その全員について、名前と簡単な経歴が写真付きで館内の壁に展示されている。この展示はなかなか見応えがある。

でも、特別にスペースを割いて展示されている人が何人かいる。たとえば、ウェイド・ボッグス。7年連続で年間安打200本以上（イチローの10年連続、ウィリー・キーラーの8年連続に次ぐ記録）、通算安打3010本という名打者だ。ウェイド・ボッグスに特別なスペースが割かれていることには何の違和感もない。歴史に永遠に名が残る選手だから。

しかし、アレックス・ゴードンのためにけっこう広いスペースを割いているのにはチョット驚いた。ゴードンは生まれも育ちも大学もネブラスカ州の現役大リーガー（カンザス

グローバー・アレキサンダーの展示コーナー

アレキサンダー役を演じた若い頃のレーガン大統領

The Phonograph-Herald

Civic/Recreation Center Receives Contributions

Local Group Forming Non-Profit To Regulate Air Boat Noise and ATVs

Farwell Irrigation District Receives Grant from NET

Interesting Visitor

私に関する記事が第一面に載った新聞

シティー・ロイヤルズ所属）で一応の成績を残しているからだろうが、アレキサンダーやボッグスと比べると見劣りすることは否《いな》めない。このままだと、現役引退と同時に特別展示は撤去されてしまうのではないか。

　管理人のスタッドリーさんは館内を隅から隅まで案内してくださった後、私に妙な質問をしてきた。〝お仕事は？〟。あれ、そんな立ち入ったことまで訊くの？　私は〝医師です。病理医〟と答えた。

　次に、スタッドリーさんは私をグローバー・アレキサンダーの展示コーナーの前に立たせて写真を撮った。さらに、私はスタッドリーさんの御指示に従って自分の名前とメールアドレスを紙に書いて渡した。

最後にスタッドリーさんはニコニコしながらこう言った。〝地元の新聞に貴方《あなた》のことを写真入りで載せてもらいますからね〟。そういうことだったのか。だから立ち入った質問や写真撮影だったのか。でも、そんなことってホントに実現するのかなぁ。

それから5日後。ミネソタ州の安モーテルでパソコンを開いた私は、スタッドリーさんがメールに添付して送ってくださった新聞を見た。第一面に私のことが写真入りで紹介されている。見出しは〝Interesting Visitor（面白い訪問者）〟。

どこの新聞であれ第一面に私に関する記事が載るなんてこれが最初で最後だ。こんな凄いことをしてくれたスタッドリーさんを私は生涯忘れない。聖パウロを敬うように敬いたいと思う。

反知性主義の旗手となった男

日本では近頃、「反知性主義」という言葉を使う人が多いそうですね。そんなことになってるなんて私はまったく知りませんでしたけど。そんじゃ、私が知ることになったのはどうしてなのか？　２０１５年2月に出版された、森本あんり著『反知性主義　アメリカが生んだ「熱病」の正体』（新潮選書）を読んだから。

この本の素晴らしさは半端ではない。日本人が米国という国をきちんと理解するためには必読と思うくらい。少なくとも私は目から鱗《うろこ》どころか、米国に対する自分の理解が情けないほど足りなかったことを痛感。

この本は冒頭の〝はじめに〟で「反知性主義」という言葉について説明してくれている。1963年に世に出た名著『アメリカの反知性主義』の著者、リチャード・ホーフスタッターが「反知性主義」(anti-intellectualism) という言葉の名付け親であること(ちなみに、この名著の邦訳が出たのは40年後の2003年です。みすず書房、訳・田村哲夫)。この言葉は最近の日本ではネガティブな意味でしか使われていないが、本来はポジティブな意味も含んでいること。それを理解するためには米国におけるキリスト教の歴史について知っておく必要があること……。そして本文で米国におけるキリスト教の歴史を「反知性主義」の〝本来の意味〟と絡ませて説明しているのだが、ここで要約するなんて無理なくらい圧巻。興味のある方は自分で読んでください。この本を読んでからホーフスタッターの名著の邦訳を読むのもイイかもしれません。

ところで、この本はビリー・サンデーという男について語るためにページ数をかなり割いている。

サンデーは貧しい開拓農家に生まれ、学校教育を殆ど受けなかった。1883年、20歳で大リーガーになったサンデーは外野手として8年プレー。俊足選手としてそれなりの活躍をしたが、一世を風靡《ふうび》したのは引退後。

サンデーは野球界から引退後、キリスト教の伝道師となった。神学の知識はなきに等しかったのに。でも、お高くとまった知性主義に反感を抱く大勢の国民はサンデーの型破りな説教に熱狂した（知性そのものに対する反感ではなく、知性を笠に着た嫌味なエリート主義に対する反感とでも思ってください）。サンデーは20世紀の〝反知性主義〟を代表する人物として歴史に名を残すことになる。

さて。この本のビリー・サンデーに関する記述は〝1935年に息を引き取った〟で終わっている。では、今現在の米国でビリー・サンデーはどういう扱いを受けているのか？ それを知るためには米国のどこを訪ねたら一番イイのか？ 私は自分が勝手に一番イイと決めた場所を訪ねることにした。

2015年8月、米国でドライブ旅行をしていた私はインディアナ州の小都市ワーソー（Warsaw）に立ち寄った。……Warsaw はポーランドの首都ワルシャワの英語表記です。パリやロンドンという名の市がいくつもある米国なので、ワルシャワという名の市があるくらいで驚いていていては身が持ちません。

まずは市の旅行者向け情報センターに行ってみたが、誰もいない。ヤケに静か。で、〝チョット〜、誰かいませ〜ん！〟と叫んでみた。すると、見るからに優しそうな白人のオネエサンがカウンターの裏の部屋から登場。私が事情を話すと、オネエサンはビックリしていた。大リーグのファンの日本人がサンデーが暮らしていた家が残っていることを知っていて、わざわざ訪ねて来たからだ。オネエサンは〝チョット待っててね〟と言いながら裏の部屋に消えると、すぐに戻ってきた。〝これ、あなたにあげるわ〟。サンデーの大リーガー時代と伝道師時代の写真が刷り込まれた野球のバットだ。私が〝いくらですか？〟と訊くと、〝タダでイイのよ〟だって。ラッキー！

オネエサンはサンデーの家を訪ねるための手順を教えてくれた。〝まずはね、すぐ近くのウィノナ・レイクという小さな街の大学のすぐそばにある「ウィノナ歴史センター」に行きなさいね。そうすればテリー・ホワイトというトテモ親切な大学教授が丁寧にビリー・サンデーの家を案内してくれるわよ〟。

ウィノナ・レイクは名前が示すように湖を中心とした街だった。ボートが浮かぶ美しい湖のそばを走るメインストリートに入ると、米国ならではの風景を目にすることになる。道路の両側に星条旗がヤケに沢山並んではためいているのだ。

メインストリートから少し離れてキリスト教系の大学がある。１９４８年創立のグレース大学。羨ましいくらい広く緑豊かなキャンパスにはメソディスト派の教会もある。

大リーガー時代のサンデー

キリスト教の伝道師時代のサンデー

キャンパスの端に「ウィノナ歴史センター」の入った美しく格調高いビルがあった。ビルの前に車を駐め、中に入ると広いロビー。誰もいない。私はロビーの隅に置かれたソファに座り、日本から持参した文庫本を読み始めた。歴史センターが開く午後2時まで1時間ほど待つ必要があったから。

ところが、30分ほどして中年男性がロビーに現れた。太鼓腹で眼鏡をかけた優しく愉快な感じの白人男性。私はピンと来たので、ソファから立ち上がって声をかけた。やっぱりグレース大学のテリー・ホワイト教授だった。歴史センターのスタッフも兼ねている。私が自己紹介すると、すぐに歴史センターの中に入れてくれることになった。〝君は大リーグの熱狂的ファンだからビリー・サンデーに興味を持ったというわけか〟〝ええ。でも、米国のキリスト教史にも興味がありますから〟。

歴史センターの中に入ると、入場者が記帳するノートがあった。私は記帳してからノートをパラパラめくってみた。毎年、かなりの数の米国人がここを訪ねているようだ。

サンデーに関する展示コーナーをジックリ見て写真もバッチリ撮ってから、ホワイト教授の案内でサンデーが暮らしていた家に向かった。歩いて5分もかからない場所にあるそうだ。〝その家って元々あった場所にそのまま保存されているんですか？〟〝イエス〟。

ホントに5分もかからずに到着。

私はテリー・ホワイト教授の説明を聞きながら家の中を隈無く見学した。

サンデーが暮らしていた家

暖炉の上には素敵な時計、窓際にはリンカーンの胸像

1階の長い廊下の壁にサンデーが親交を持った当時の大統領たちの自筆サイン入り写真が飾られている。第30代カルビン・クーリッジ、第31代ハーバート・フーバー……。2階の書斎にはサンデーが親交を持った元判事で大リーグの初代コミッショナー、ケネソー・ランディスの自筆サイン入り写真が飾られている。こういう物が飾られていることにチョット違和感を覚えた。権威への対抗が真骨頂のサンデーには相応しくないように思えたから。……こういう親交を持った（持たざるをえなかった？）ことにサンデーの限界が表れているのかもしれない。

1階の寝室にはサンデーの篤い信仰心と夫人への真摯な愛に胸を打たれる品々があったが、小生意気な私は、夫人に寄り添うサンデーの写真がベッドの頭に置かれているのを見て〝ハリウッド映画みたい！〟と口走ってしまった。ホワイト教授はムッとするでもなく呆れるでもなくニヤッとしただけ。……さすがだ。

1階の居間の暖炉の上にヤケに素敵な時計があった。大リーガー時代に結婚したサンデーを祝福してチームメイトたちが贈ったものだそうだ。暖炉から少し離れた窓際にエイブラハム・リンカーンの胸像が置かれている。なんで？　サンデーが最も尊敬していた人物はリンカーンとホワイト教授が教えてくれた。

家から出て強い日差しの中をホワイト教授と歩きながら思った。型破りな説教をしたり極端な禁酒主義に走ったサンデーの生き様すべてを嘲笑する人がいるようだけど、こういう人物を嘲笑の的にするだけでイイのだろうか。

事実の力、小説の力、映画の力

２０１５年8月8日土曜日、午前10時半。私は米国の小さな街のメインストリートの沿道を懸命に走っていた。ドシャ降りの雨から逃れるために。〝この小さな街にとっては年に一度の大行事の日なのに、こんな天候になるなんて〟と思いながら。

やっと雨宿りと時間潰しをするには最適の店に着いた。メインストリートに面したスポーツバーだ。

店内には大勢の人たちがいた。幼い子どもまで大勢いる。きょうは特別な日だから特別にオーケーということにしたのだろう。私はコーヒーを飲みながら大人の方々と話をした。皆、私と同じように天候のことを心配していた。幼い子どもたちとは店内のゲーム機でチョットだけ遊んだ。……嘘。けっこう遊んだ。

11時50分、店から出た。ナント、雨は完全にやんで快晴となっているではないか。あぁよかった。これなら12時から予定されている催しは間違いなく行われるもんな。

予定より5分ほど遅れてメインストリートでパレードが始まった。沿道には大勢の観衆がいるが、パレードを見慣れた地元の人ばかりのようだ。沿道から大きくはみ出したりせずに礼儀正しく観ている。元々礼儀正しくない私はこういうときこそ本領を発揮しなきゃ。パレード真っ最中のメインストリートに入り込んで写真の撮りまくりだ。……全メディアを代表するカメラマンとして代表撮影している気分。パレードをしている人も沿道の人も私を代表カメラマンと勘違いしたのか、誰からも注意されなかった。

さて。この小さな街はミネソタ州のチザム。大リーグで出場したのは1試合だけで、しかも守備には就いたが打席には一度も立たなかったというムーンライト・グラハム（1965年没）が野球界から引退後に人望篤い医師として長年暮らしていた街だ。この意外で素敵な事実をW・P・キンセラは傑作小説『シューレス・ジョー』（1985年、文藝春秋、訳・永井淳）の中で素晴らしい形で紹介したが、広く知られるようになったのはキンセラの小説を基にした傑作映画『フィールド・オブ・ドリームス』（1989年）が大ヒットしたからだ。

でも、まだ広く知られていない事実がある。たとえば、毎年8月にチザムで「Doc "Moonlight" Graham Days（ムーンライト・グラハム医師の日々）」というフェスティバルが行われていること。私はそのフェスティバルの初日から参加していた。パレードが行われる3日前からだ。

幼い少女たちもパレードに参加

パレードの3日前の8月5日、午前9時。私はチザムのメインストリートに面した商工会議所のドアを開けた。さほど広くない部屋のデスクで仕事をしていた女性が顔をあげ、すぐに〝マキオ?〟と声をかけてきた。〝ええ、そうです〟。

フェスティバルの問い合わせ先は商工会議所となっていたので、私は2日前にメールを送っていたのだ。フェスティバルの細かいスケジュールなどを教えてもらうために。返事はこうだった。〝チザムに到着したら当方に立ち寄ってください。直接お会いしてお教えします〟。

私がメールのやりとりをしていた女性はヤケに威勢のイイ白人のオネエサンだった。私のどんな質問にも早口の大きな声でドンドン答えてくれる。フェスティバルに関することだけではなく、ムーンライト・グラハムゆかりの場所についてもだ。

まずはフェスティバルについて。地元のチザム高校の同窓会を兼ねて2011年から始まったとのことだった。ムーンライト・グラハムはチザム高校卒ではないのに同窓会を兼ねたフェスティバルに名前が使われているわけだ。さらに、小説や映画が世に出てから相当経った2011年から始まったわけだ。そういうことすべての理由・契機を私は推察できたが、オネエサンに確認するのはやめた。チョット失礼かもしれないから。同窓会会員の方々にソッと探りを入れてみるのが一番だろう。

商工会議所から少し歩けばフェスティバルの本部が設けられた市民センターがあるとのことだった。私は〝高校の同窓会か。それならフェスティバル初日なのに街が静かなのもわかるな〟と思いながら歩いて行った。着いてみると、本部入り口にムーンライト・グラハムの写真入りの看板が立っていた。

中に入ると、同窓会会員が大勢いた。トシいった方が殆ど。同窓会会員じゃないのは私だけ。こりゃ同窓会を兼ねたというより同窓会そのものと言った方がイイじゃん。

同窓会会員の方々は日本から来た闖入者《ちんにゅうしゃ》にビックリしていた。でも、とても優しく接してくださった。奥にある厨房で食べ物を手に入れる方法まで詳しく教えてくださる。

同窓会会員の方々とテーブルを囲んで食事をしながら雑談を始めたが、大事な話題を持ち出す勇気が湧いてこない。私の推察が間違っていないか同窓会会員の方々に探りを入れ

ムーンライト・グラハムの
写真入りの看板

テーブルを囲んでいる同窓会会員の方々

ノンフィクション〝ムーンライトを追って〟の表紙

たいのだが、〝やっぱりチョット失礼かなぁ〟と躊躇《ちゅうちょ》してしまうのだ。

ところが。突然、白人のオバサンが私に声をかけてきた。〝ねぇ。この本、知ってる？〟。私が〝えぇ〟と答えると、オバサンは〝これは著者のサイン入りなのよ〟と言って著者のサインを見せてくれた。私が〝素敵ですね〟と言いながらテーブルを囲む方々に目を遣ると、ニコニコしている方が多いではないか。やっぱりオレの推察は間違っていないと思ってイイみたいだな。

その本はノンフィクション。出版は２００９年だ。

私の推察を説明しておこう。

フェスティバルはチザム高校の同窓会を兼ねて２０１１年に始まり、毎年行われるようになっている。映画が大ヒットしてから20年以上も経って始まったわけだが、その理由・契機もすべて映画だと私は思っている。もっと正確に言うと、映画とチザム高校との関係。

まず、映画は原作小説が紹介した或る事実を省いている。ムーンライト・グラハムがチザムで校医を務め、チザム高校の卒業記念アルバムに感謝と称賛の文章が載るほど生徒たちから尊敬されていたこと。ところが２００９年（フェスティバル開始の2年前！）、２人の米国人がムーンライト・グラハムの人生を小説より詳細に調べた本を出したのだ（邦訳なし。タイトルを私が訳すと〝ムーンライトを追って〟）。ムーンライト・グラハムがチザムの学校システムで最初のフルタイムの校医となったことや、チザム高校の生徒たちから尊敬されていたことに詳しく触れている。チザム高校の生徒がムーンライト・グラハムに敬意を表して書いた詩の写真も載せているくらいだ。でも、この本は映画が大ヒットしなかったら世に出なかっただろう。副題を訳すとこうなるのだから。『フィールド・オブ・ドリームス』に登場したグラハム医師の人生〟。

このノンフィクションが出たので、２年後にフェスティバルを開催することになったというのが私の推察。

ここで私は考えてしまう。小説より映画の力が大きいのか？　いや、そんなことより事実の力はどうなんだ？　小説や映画やチザム高校のことに詳しく触れた本が世に出なくても事実に変わりはないのだから、もっと早くフェスティバルを始めても良かったのではないか？

野球場の前に映画のタイトルが大きく表示

こんな失礼なことの結論を出す前にチザムの様子を少し。

ムーンライト・グラハムが住んでいた家が残っているが、今は他の人が住んでいるので中には入れない。かつてムーンライト・グラハムが住んでいたという掲示もない。

ムーンライト・グラハムの名が付いた奨学金制度があるが（チザム高校卒業後に大学に進む生徒に奨学金が支給される）、これも映画が大ヒットしてから数年後の１９９０年代前半に設けられたらしい。やっぱり映画の力は絶大なのかもしれない。

住宅地域の端にムーンライト・グラハムの名が付いた野球場がある。これも映画が大ヒットしたから造ったのがミエミ

パレードに参加した1965年卒業の方々

エという掲示板が立っている。ちなみに7〜8年前に造った野球場らしいが、誰に訊いても正確な建造年はわからなかった。

これじゃ、まるですべてが事実ではなく映画から始まっているみたいではないか。そんなことでイイのだろうか?

こうした私の考えは、フェスティバルの4日目の昼にメインストリートで行われた1時間20分ほどのパレードを観ていたときに木《こ》っ端《ぱ》微《み》塵《じん》に打ち砕かれることになる。

フェスティバルにはパレードの他には大した催しなどないが、そのパレードが泣かせるほどイイのだ。派手なところがまったくない。地元の消防車や救急車が次から次へと行進したりする。ミスコンテスト優勝風に美女風の女性も行進するが、質素な台車に乗ったりしている。チザム高校の卒業生が卒業年度毎に台車に乗って行進するが、全員が普段着のまんま。市長や州下院議員も行進するが、選挙対策の臭いなどしない。でもサイコーなのは、ムーンライト・グラハムとは関係ないことだらけなこと。そしてパレードをしている人と沿道で見学している人を合わせると街の住民全員になってしまう感じがすること。つまり、街が一体になるために映画で有名になったムーンライト・グラハムの名を拝借しちゃっただけという感じなのだ。

チザムの人たちは素晴らしいことをしていると思う私にムーンライト・グラハムも天国で同意してくれるだろう。ムーンライト・グラハムも私と同じように、事実よりも映画であってもかまわないと思っているだろう。

これでオシマイと思うでしょうが、オシマイではないんです。私は何事もやるとなったらトコトンやらなきゃ気が済まないので。

ムーンライト・グラハムが生まれ育ったのはミネソタ州チザムではなく、そこから遥か彼方のノースカロライナ州ファイエットビル。もちろん私はそこにも行きました。そこだけではなく、ノースカロライナ州にはムーンライト・グラハムの人生と絡んでいる場所があちこちにあります。そのあちこちにも行きました。いくらなんでもそれをすべて書いたりはしません。ムーンライト・グラハムについてチョット考えさせられた一ヵ所についてだけ。

ノースカロライナ州の小都市、ウィルソン。ここに、１９３０年代に建造された Fleming Stadium がある。主に学生野球を始めとするアマチュア野球が行われる球場。アマチュアが野球をする球場だからといってナメたりしてはいけない。立派な球場なのだ。外野のフェンスには日産自動車の車を販売する現地の会社の広告がある（わざわざ１９８２年から販売しているとまで書いてある広告）。だから立派な球場と言いたいわけではない。日産自動車と何の関係がなくても立派な球場だ。……そういえば言い忘れていた。この球場を私が訪ねたのは２０１３年の夏。

この球場の三塁側フェンスのすぐ外側に「ノースカロライナ野球博物館」がある。入り口は狭くてパッとしないが、中に入ると〝こりゃスゲェ！〟とビックリする。広い部屋に長い陳列ケースがズラッと並んでいるのだ。奥にも広い部屋がもう一つある。

訪問客は私だけだった。管理人は40代後半と思《おぼ》しき白人男性。ズッと私に付き添って懇切丁寧に説明してくれるし、写真撮影時には余計な光線が入らないようにと衝立《ついたて》まで用意してくれるという優しい男性。

長い陳列ケースとは別に、大リーグの名選手たちの特別展示ケースが壁際にある。ノースカロライナ州出身で「野球の殿堂」入りも果たしたゲイロード・ペリー、キャットフィ

ノースカロライナ野球博物館の入り口

陳列ケースの片隅に展示されたムーンライト・グラハムの写真と伝記本

ッシュ・ハンター……。現役選手では、写真が壁に貼られたジョシュ・ハミルトンが一番目立っていた。

白人男性が、長い陳列ケースの中に無数と言いたくなるほど置かれている細々とした写真や品を説明してくれていたときに言った。〝これはムーンライト・グラハム。御存知ですか？〟〝ええ〟〝やっぱり御存知でしたか〟。

ムーンライト・グラハムは映画の大ヒットのおかげで「野球の殿堂」入りを果たした男たちと同じくらい有名だ。ひょっとすると、もっと有名かもしれない。それでも長い陳列ケースの片隅に小さな写真と、映画が大ヒットしたので出版された（と思う）伝記本がヒッソリと置かれているだけという扱いなのだ。

このヒッソリ感、私はとても気に入っている。ムーンライト・グラハムの人生を考えると、こうでなくっちゃと思うくらい。これが一番相応しいと思うくらい。皆さんはどう思います？

NoconaのNokona

私は大リーグに関して偉そうに講釈を垂れている。では、そんな私の野球技術はどうなのか？　もちろん下手。かなり下手です。でも下手なのは道具のせいに違いないと思い、バットやグラブを買い続けてきた。それでも下手なままなので、〝下手なのは日本製の道具を使い続けているからかもしれない。気分を変えて米国製の道具を使えば上手になれるかもしれない〟と思うようになった。

というわけで、米国で買うことにした。デパートやスポーツ用品店ではなく、実際に作っている場所で。

テキサス州北部のNoconaという小さな市にNoconaというスポーツ道具を作っている会社がある。特に野球のグラブは有名で、この会社のグラブを愛用している大リーガーが昔からいる。たとえば通算奪三振５７１４という大リーグ記録を樹立した名投手ノーラン・ライアン。

ここで不思議に思われるだろう。市の名と会社の名が一文字だけ違うのはどうしてなのかと。私も不思議に思ったので、２０１４年3月末にNoconaを訪れたときに真っ先に訊いたのはこのことだった。

Noconaはアメリカ先住民・コマンチ族の首長の名前とのことでした。市の名前も本来はNoconaなのに、どういうわけかNoconaに変更されてしまったとのことでした。ということは、細部にこだわるNoconaは物作りの会社として信用できるのではないでしょうか。……Noconaは信用できない市と言いたいわけではありませんけど。

さて。Nocona はホントに小さな市だった。夕方に到着した私はモーテルに泊まったのだが、市にあるモーテルは一軒だけで泊まり客は私だけ。だからって、危ないわけではない。こういうことは米国の田舎をドライブしているとよくある。

翌日の午前10時、私は Nokona のドアを開けて中に入った。日本から訪ねて来たと自己紹介すると、受付のオバサンがニコニコしながら言った。〝最近、日本から若い男性が来たのよ。学生さんのように見えたけど〟。ロビーにある来訪者記帳ノートをめくってみると、たしかに日本人男性のサインがあって神戸から訪ねて来たと記されていた。この男性にも私と同じ事情があったのか？　そんなわきゃないですね。

私はロビーで待った。グラブを作る工程を見せてくれるツアーが10時半から始まるのだ。

30代と思しき小柄で真面目そうな白人男性が現れた。ガイドを務めてくれる社員の方だ。いよいよ見学開始となったわけだが、作業場での写真撮影は一切禁止とのことだった。……当然でしょうね。

作業場はピカピカの工場というより家内工業風で、１９３４年からグラブを作っているという伝統が伝わってくるイイ感じだ。けっこう広いスペースに仕切りなどなく、グラブを作る工程すべてが見渡せる。ガイドの男性は素人の私にも理解できるように各工程を懇切丁寧に説明してくださった。革を型に合わせて切る工程、縫って指に合わせていく工

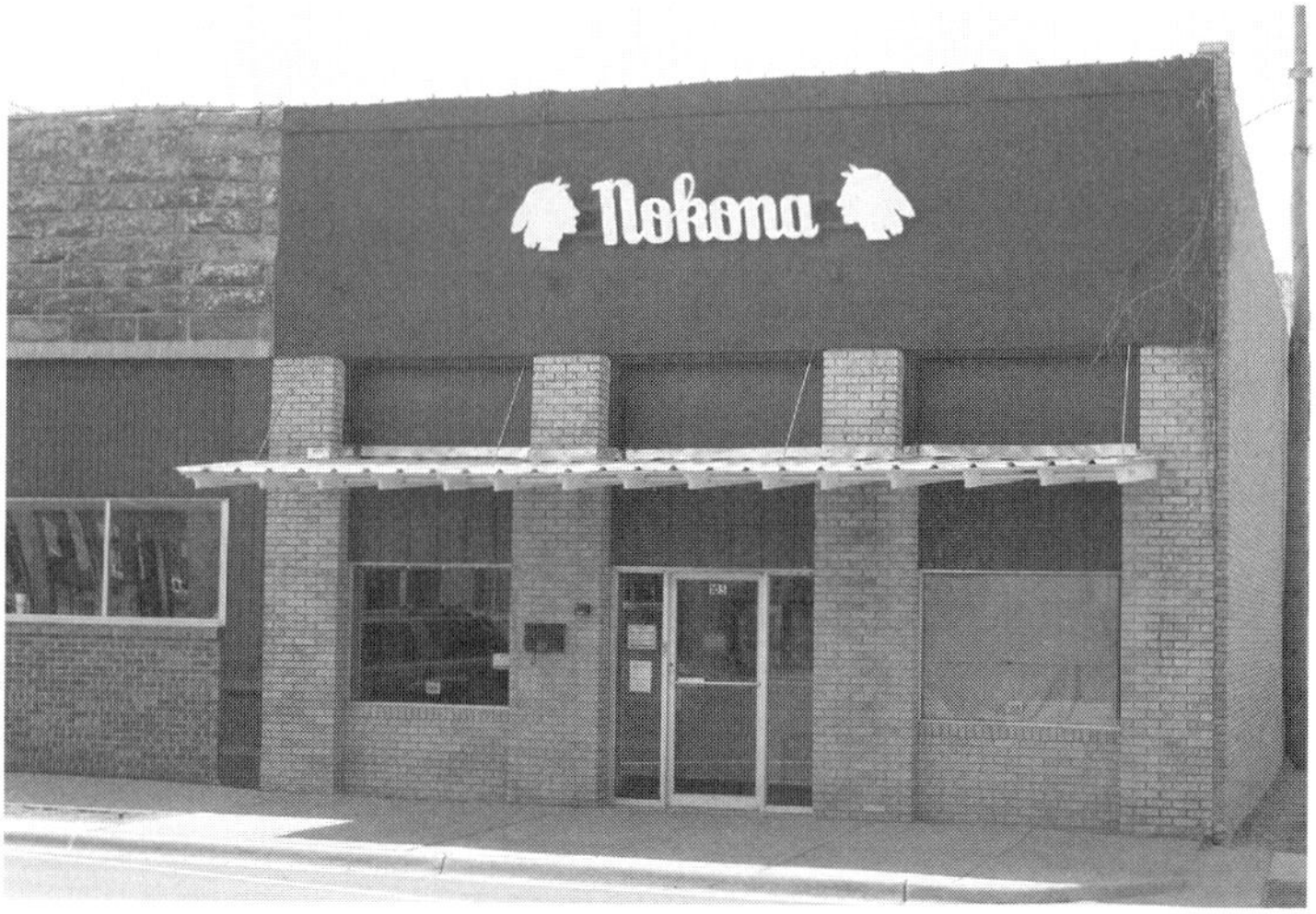

Nokona の正面入り口

ギフトショップに並んだNokonaのグラブ

程、縫った後に指がきちんと入るように金属棒を指の部分に入れて中空を確保・確認する工程、弾力性を持たせるためにグラブを叩いて柔らかくする工程、艶《つや》出しをする工程、Nokonaという名を縫い付ける工程……。各工程で働いている従業員の方々は男性より女性が多かった。

ところで。材料として使っている革は色々だった。バファローの革も使っているし、オーストラリアから輸入したカンガルーの革も使っている。カンガルーの革は滑《なめ》らかで実にイイとのこと。

日本から輸入した革も使っているというので見せてもらった。革の片隅にmaruhashiと小さな表示が貼ってある。……株式会社マルハシのことだと思う。もし違っていたら、ごめんなさい。

見学を終えた私はギフトショップに直行。Nokonaを訪れた一番の目的は、昔から大リーガーたちも使っているNokonaのグラブを買うことだったから。日本製グラブでは野球が上達しない私でもNokonaのグラブを使えば上達するかもしれないと思ったから。

陳列してある中から内野手用のグラブを買った。250ドルも払って。今、私はこのグラブを使っているわけだが野球が上達したかどうかは自分ではよくわからない。

「ダイソン通り」を探して

２０１６年４月27日午前10時半。米国でドライブ旅行をしていた私はルイジアナ州で州間高速道路55号線に入り、北上を開始した。雲ひとつない快晴だ。１時間ほど走りミシシッピ州に入ったところで、すぐに州間高速道路沿いにある旅行者向け公営情報センターに向かった。

情報センターには私以外に旅行者は誰もいない。こりゃラッキーだ。これなら時間をかけてジックリ教えてもらえる。私はカウンターにいた白人のオバサンに話しかけた。〝ジャロッド・ダイソンって知ってます？〟。予想通り、オバサンは知らなかった。〝この近くにマッコームという市がありますよね。ダイソンはマッコーム出身の現役大リーガーなんですよ。そしてね、今年の1月にマッコームの或る道路の名前がダイソンの栄誉を称えて「ダイソン通り」に変わったんですよ。その道路を訪ねたいので、どこにあるかマッコーム市の地図で教えてくれません？〟。オバサンは驚き、訊いてきた。〝あなた、ナンデそんなこと知ってるの？〟〝オレは子供の頃から大リーグの熱狂的ファンで、今はダイソンのファンなんですよ〟。

その年、カンザスシティー・ロイヤルズに所属していた黒人外野手ダイソンは32歳。大リーガーになって7年目だが、規定打席数に達したことは一度もなかった。つまりレギュラー選手になったことが一度もなかった。でも俊足で鳴らし、ロイヤルズが制覇した2015年のワールドシリーズではピンチランナーとして重要な場面で素晴らしい働きをしている。それが道路に名前が付くことになった一因だろう。

オバサンがマッコーム市の地図を持ってきてくれた。2人で「ダイソン通り」を探してみたが、そんな名前の道路はどこにもない。〝おかしいなぁ。この地図、古いんじゃありません？〟〝それじゃ、マッコームの市庁舎に電話で問い合わせてあげるわ〟。オバサンはホントに問い合わせてくれた。〝わかったわよ。この「H通り」が今は「ダイソン通り」に変わってるんですって〟。

私は地図を見ながら〝変だなぁ〟と思った。「A通り」から「L通り」までアルファベット順に並んだ道路群の「H通り」だけ名前を変えたりするだろうか？　そんなことはしないのが普通だろう。でもマッコームの市庁舎が言うんだからなぁ。

私は「H通り」を目指した。

ところが「H通り」に着いてみると、「H通り」の名前は「H通り」のままではないか。おいおい、これってどうなってんだよ。困ってしまった私は車を道路脇に駐め、近くの民家の庭にいた若い黒人女性の方に歩いて行った。私が事情を説明すると、黒人女性は笑い転げた。〝「H通り」はずっと「H通り」のままよ。でもね、「H通り」にはダイソンのママと妹さんが暮らしている家があるの。ママと妹さんから「ダイソン通り」がどこにあるか教えてもらいなさいよ〟。そして、黒人女性は自分の車に乗り込み〝家まで案内してあげるからついて来なさいよ〟と言ってくれるではないか。へぇ、こんな怪我の功名というか棚からぼた餅みたいな展開ってあるんだ。オレってヤケに運がイイんだなぁ。

黒人女性は綺麗な平屋建ての家の前まで来ると、車の窓を開けて〝ここよ〟と指さし去って行った。私は道路脇に駐めた車から降り、家の呼び鈴を押した。ピンポ〜ン。

ドアが開き、若い素敵な黒人女性が現れた。ダイソンの妹さんだ。すぐにママも登場。〝私はミスター・ダイソンのファンなので、「ダイソン通り」を見るために日本から来たんです〟と言ってから、その家を訪ねることになった込み入った経過を説明した。おふたりともトテモ喜んでくださった。そして、妹さんが車で「ダイソン通り」まで先導してくれることになった。オレって、どこまで運がイイんだろう？

妹さんに先導された私は、やっと「ダイソン通り」に辿り着いた。妹さんは笑顔で〝じゃあね〜〟と言って去って行った。

車から降りて「ダイソン通り」の写真を撮っていると、〝あんた、そこで何してんだ？〟と声をかけてくる人がいる。怖そうな黒人のオアニイサンだった。車の窓を開けて私を睨んでいる。〝エッ？　オレはミスター・ダイソンのファンだから「ダイソン通り」

ダイソンのママと妹さん

やっと辿り着いた
「ダイソン通り」

の写真を撮ってんだよ〞。急に優しい表情になったオアニイサンは〝そうか〞というように頷き、去って行った。しばらくすると、妹さんの車が戻って来た。〝あなた、名前は何とおっしゃるんでしたっけ？〞〝マキオ・ムカイです〞〝マッキーオ？〞〝イエス〞。妹さんはニコッとして去って行った。

私は写真を撮り続けながら考えていた。……オレは迷子になってから黒人しか目にしていない。ここは黒人街なのか？　そんなことはどうでもイイな。黒人はみんなオレに優しく接してくれたんだから。

さらに考えていた。……オレはダイソンのファンでもないのにファンだとそこいらじゅうで嘘をついた。ママと妹さんにもだ。でも、妹さんがダイソンに〝日本からマッキーオというファンが訪ねてきたのよ〞と伝えてくれたら嬉しいな。もう嘘じゃないんだから。

〝50年ぶりの〞カラマズー

２０１６年４月25日、私は日本を飛び立った。米国でドライブ旅行をするためだ。そして５月３日、ミシガン州の小都市カラマズーに入った。

今から50年前の１９６６年、大学４年生だった私の姉はカラマズーにある「ウェスタン・ミシガン大学」の夏季セミナーに参加して1ヵ月ほど学んでいる。これは姉と仲のイイ私にとって忘れられない出来事だった。……当時は日本の大学生が米国の大学に出かけて学ぶというのは、まだ珍しいことだったし。

私は日本を飛び立つ前、姉と約束していた。姉の代わりに「ウェスタン・ミシガン大学」を50年ぶりに訪ねて写真を撮りまくってくると。

「ウェスタン・ミシガン大学」のキャンパスは呆気にとられるほど美しかった。メチャクチャ広く、すべてを見て回って写真を撮るのは大変。それでも姉のためだと思い、隅から隅まで見て回って写真を撮りまくった。おかげで疲れてしまい、キャンパス内のカフェテリアでコーヒーを飲みながら休んでいる間に1時間ほど居眠りしてしまった。でも、疲れはとれて体調はバッチリ。そんじゃ、そろそろアソコにも行ってみるか。実は、カラマズーに来たついでに訪ねてみてもイイなと思っていた場所があるのだ。私は駐車場に戻り、そのついでの場所に向かった。

「カラマズー中央高校（KALAMAZOO CENTRAL HIGH SCHOOL）」に着いた私は車を広い駐車場に駐めて校舎に向かって歩いて行った。一番目立つ出入り口のドアを開けて中に入ろうとすると、鍵が掛かっている。アララ、そんじゃどっから入ったらイイわけ？私がウロウロしていると、後ろから〝ジェントルマン、どうしました？〟と声を掛けてくる人がいる。黒人の少年だった。〝君、ここの生徒さんかい？〟〝えぇ、そうです。あなたは何かお困りのようですね〟〝オレは日本から来た旅行者なんで、どこから入ったらイイかわかんないんだ〟。その高校生は優しい笑顔で〝そうでしたか。あちらに鍵が掛かっていない入り口があります〟と丁寧に教えてくれた。〝ありがとう〟〝どういたしまして。私たちの高校にようこそ！〟。ホントに優しい高校生だ。

私は「カラマズー中央高校」にアポイントなしで入って行った。……ニューヨーク・ヤンキース一筋で活躍し２０１４年をもって引退したスーパースター、デレク・ジーターの母校の中に。

名門球団ニューヨーク・ヤンキースのキャプテンを務め、通算安打３０００本も達成したデレク・ジーター。現役中は全米で人気一番の大リーガーだった。そんなジーターをおちょくった文章ばかり私は書いてきた。ジーターに恨みがあるわけでもないのにナンデそんな罪なことをしたんだろう？　反省しなきゃ。

校舎の中に入った私は受付の女性に自己紹介した。〝ジーターの熱狂的ファンなので、この高校を訪ねるためだけに日本から来たんです〟。私の真っ赤な嘘にコロッと騙された（フリをしてくれた？）女性はニコッとして〝まぁ、それは嬉しいわ。チョット待ってね〟と言うと、渉外担当の人を呼んでくれた。

カラマズー中央高校の校舎

来てくださったのは中年で大柄の白人女性だった。一目で真面目そのものとわかる女性。しかもニコリともせず、私に向かって頷くだけで何も言わない。大事なこと以外は一切喋らないと決めている感じさえする。一方の私は、どうでもイイことをペラペラ喋りまくる男。この二人の組み合わせを完全なるミスマッチなどと思ってはいけない。極端と極端は時として波長が合うのだ。そして、こういう女性は心優しいことを私は知っている。

私は〝たしか、この高校の「スポーツ殿堂」にジーターも入ってますよね〟と言ってみた。案の定、女性はイヤな顔ひとつ見せず「スポーツ殿堂」まで案内するために歩き始めた。相変わらず何も言わなかったけど。

カラマズー中央高校の「スポーツ殿堂」

校舎からチョット離れた体育館の廊下の壁に40人ほどの人物の写真と略歴を記した掲示板を均等に並べ、その全体をガラスで被っているだけのものだった。へぇ、この質素感とジーターを特別扱いしてないのは実にイイなぁ。私が写真を撮ろうとすると、女性が言った。〝ガラスで光が反射してしまいますね。ガラスの被いを開ける鍵を忘れて申し訳ありません〟。やっぱり、とても優しい女性だ。私は〝何とかしますから気になさらないでください〟と言って写真を撮った。

写真を撮り終えた私が〝次にジーターの名前が付いた野球場を見せてもらえます？〟と言うと、女性は何も言わずチョットだけ頷いた。イイですよという合図だ。たぶん。

「スポーツ殿堂」に置かれたジーターの写真と略歴

デレク・ジーター球場という表示

野球場に向かって歩き始めた（と思う）のだが、女性は何も喋らない。そんじゃオレが喋るか。〝私の姉は50年前の1966年に「ウェスタン・ミシガン大学」の夏季セミナーで1ヵ月ほど学んでいるんです。今回、私が姉に代わって50年ぶりに大学を訪ねて写真を撮りまくったんですよ〟。ここまで喋ると女性が〝それは素晴らしいですね〟と言ってくれたので、この高校に来たのはホンのついでとはさすがの私も言えなくなってしまった。

野球場が見えてきた。〝へぇ、ヤンキース時代のジーターの写真を掲げてるんですね〟〝えぇ〟。デレク・ジーター球場という表示はそれなりに立派なものだが、野球場そのものは拍子抜けするほど質素だ。

駐車場に戻りながら女性に訊いてみた。〝ジーターと会ったことあります？〟〝一度だけ。……ジーターを教えた教師をあなたに紹介できるとイイのですが、みんなトシをとって退職してしまって。残念です〟〝いや、これで大満足ですよ〟。

私は高校を去った。妙に心が洗われ、ジーターが好きになり始めた自分に驚きながら。

クーパーズタウンで過ごした日々

2016年7月20日。日本を飛び立ち米国に向かう私の胸は弾んでいた。長年の夢を実現できるときが遂に来たからだ。このときを逃したらトシいった私には二度とチャンスは訪れないかもしれない。

米国本土の形はほぼ長方形と言ってもイイだろう。その四辺に位置する州、つまり米国本土の端っこに位置する州すべてを6週間かけて車で走破する。これが私の長年の夢だった。当たり前だが、これには深い意味などない。米国の広大さを肌で感じることができるかもしれないと思っていただけ。

米国本土の南端に位置するテキサス州のヒューストンに到着した私はレンタカーを借り、まずはメキシコ湾沿いを東へ向かって走り続けた。南東端のフロリダ州まで来たところで、次は北上。東海岸側の州を次から次へと走り抜けて行った。

そして7月29日。ニューヨーク州クーパーズタウンに来た。「野球の殿堂」があり、野球の聖地とも呼ばれる街だ。

ここまでは私の予想通りに事が運んでいた。イチローは前日に代打で二塁打を打ち、大リーグ通算3000本安打まで残り僅か2本としていたから。

3000本安打を達成すれば、将来「野球の殿堂」入りという栄誉に浴すことができるのは間違いないと言われている。で、イチローの熱狂的ファンの私は3000本安打達成の瞬間をクーパーズタウンで迎えたかった。そのために長年の夢を実現するドライブもイチローが3000本安打を達成する日を予想しながら続けていたのだ。残り僅か2本とい

観光客で賑わう「野球の殿堂」の正門

う時点でクーパーズタウンに来たなんてドンピシャ予想通りでサイコー。これならクーパーズタウンで2〜3日過ごすだけでドライブを再開できる。

が、しかし、世の中はそんなに甘くはなかった。イチローがなかなか3000本安打を達成してくれないのだ。こりゃ、長年の夢とイチローの両方は無理だなぁ。〝二兎《にと》を追う者は一兎《いっと》をも得ず〟はホントみたいだから、どちらかを選ぶしかないなぁ。どちらを選ぶかなぁ。

イチローを選んだ私はクーパーズタウンで11日間も過ごすことになった。「野球の殿堂」に毎日通った。長年の夢の実現は諦めたわけだが、後悔はしていない。イチローの快挙達成を待ちながらクーパーズタウンで過ごした日々は素晴らしい思い出になったから。

残り2本のまま日にちだけが過ぎて行った。その間に私は「野球の殿堂」の厖大《ぼうだい》な量の展示物すべてに詳しくなった。写真も撮りまくり。滞在3日目の7月31日には、3階にある記録表示装置を操作すると現役大リーガーの通算安打数も表示されることに気付いた。もちろん、イチローの通算安打数は2998と表示されていた。

「野球の殿堂」の中にいないときはクーパーズタウンの街中をフラフラ歩き回ったり、飲食店で飲み食いしていた。クーパーズタウンの飲食店は全制覇した自信があるくらい。で、私は自分が観光客から地元民に変わった気分だった。その気分をさらに強める出来事もあった。

滞在6日目の午後のことだ。私は「野球の殿堂」のすぐ近くの道路に尻餅をつくように座り、ボーッとしていた。ラフな服装で（正確には小汚い服装で?）。開いた両脚の間にはコーヒーが入った大きな紙コップを置いて。すると、7~8歳の可愛い白人の少女が目の前に突然現れ、何かを渡そうと右手を差し出してきた。私が何気なく受け取ると、少女は逃げるようにサーッと去って行った。ナンダ？　一体何が起こったんだ？　受け取った物を見てわかった。1ドル紙幣だったから。もう皆さんもおわかりですよね。そう、少女は私を〝お恵み頂戴用〟の紙コップを置いた哀れな物乞いと思って1ドル紙幣をくれたわ

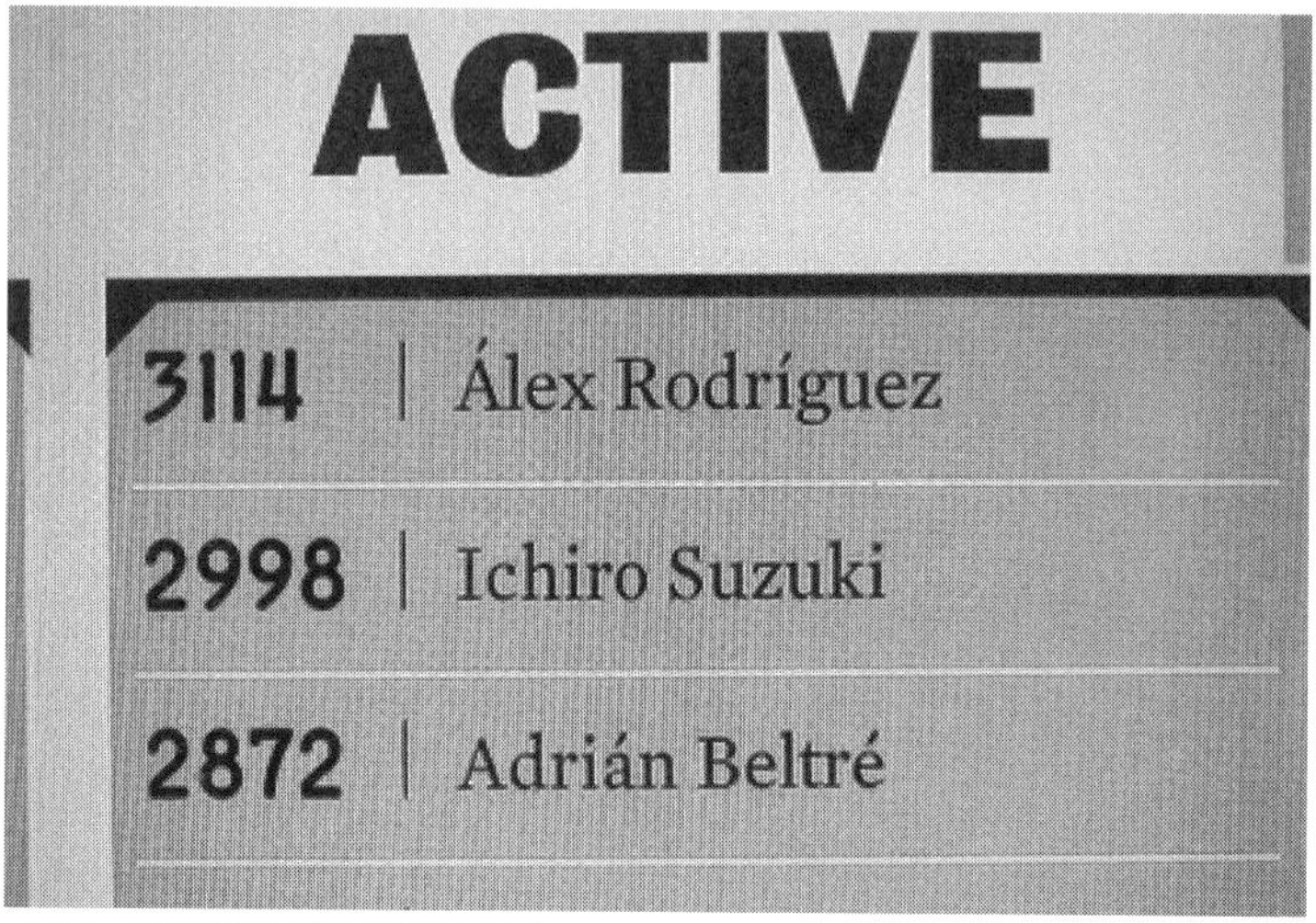

イチローの通算安打数は2998と表示

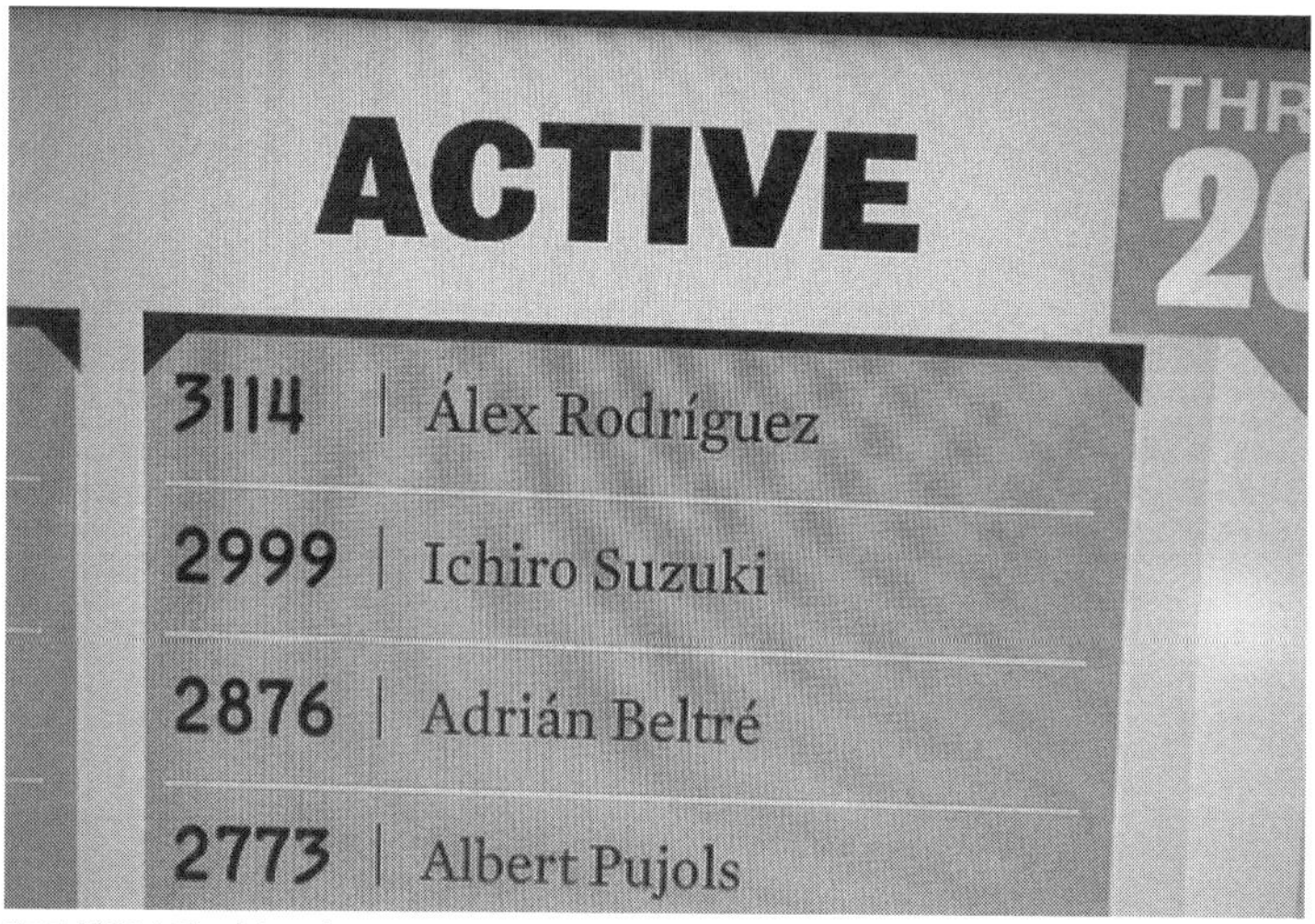

表示が2999に変わった

けですよ。こんなこと、観光客には誰もするわきゃないと思いません？

滞在9日目の8月6日、イチローは代打で内野安打を打って3000本安打まで残り1本とした。その試合後に〝明日はイチローが久しぶりに先発出場〟という予告発表があった。その発表を知った私はすぐに思った。〝快挙達成は明日だな〟。

そして滞在10日目の8月7日。

「野球の殿堂」に出向いた私は、すぐに3階にある記録表示装置を操作して現役大リーガーの通算安打数を表示させてみた。イチローの通算安打数は2999に変わっていた。

その日、私はパソコンを持って「野球の殿堂」に来ていた。試合開始は米国東部夏時間午後4時10分で、インターネットと接続できる「野球の殿堂」は午後9時閉館だから。つまり、「野球の殿堂」の中で試合を最初から最後までインターネットの配信動画で観戦できるのだ。では、「野球の殿堂」のどこで観戦するか？

殿堂入りを果たした人物たちの栄誉を称える銘板を壁に飾った部屋が1階にあるが、壁の一部には将来の殿堂入り人物たちのために何も記されていない銘板が残されている。私は、その近くのベンチに座ってパソコンを開いた。〝きょう、あの銘板のどれかにイチローの栄誉が称えられるのが確実になるな〟と思いながら。

さて。3打席凡退していたイチローが7回表に三塁打を打って快挙を達成した瞬間、私は〝やったぁ～！〟と叫んだ。でも、すぐに不安になった。〝イチローに打席がもう一度

この近くのベンチに座ってパソコンを開いた

まわってきて、安打をもう一本打っちゃうんじゃないか?〟。

３階にある記録表示装置の表示は打席毎に変わるのではなく翌日に変わる。で、イチローが安打をもう一本打ってしまうと明日の表示は２９９９からいきなり３００１に変わる。記念すべき３０００という表示の写真を私は撮れなくなってしまうのだ。

９回表、やっぱりイチローに打席がまわってきてしまった。私は叫んだ。イチロー、安打を打つな！　お願いだからアウトになってくれ！　クーパーズタウンで10日も待ったオレのためにアウトになってくれ！

結果は？　安打ではなかった。でもアウトでもなかった。アウトと違って打率が下がらない四球。私はホッとすると同時に自分を恥じた。〝アウトになってくれなんてお願いをしたオレはサイテー野郎だな〟。

翌8月8日も私は「野球の殿堂」に出向いたが、写真撮影の他にも大事な用件があった。

滞在11日目の8月8日。3階の記録表示装置を操作して現役大リーガーの通算安打を表示させると、イチローの表示は2999から3000に変わっていた。嬉しくなって何げなくイチローの名前欄に指を触れると、ナント、イチローの大きな紹介欄が出てきた。しかも写真付きだ。へぇ、こんな仕掛けになってたのかぁ。

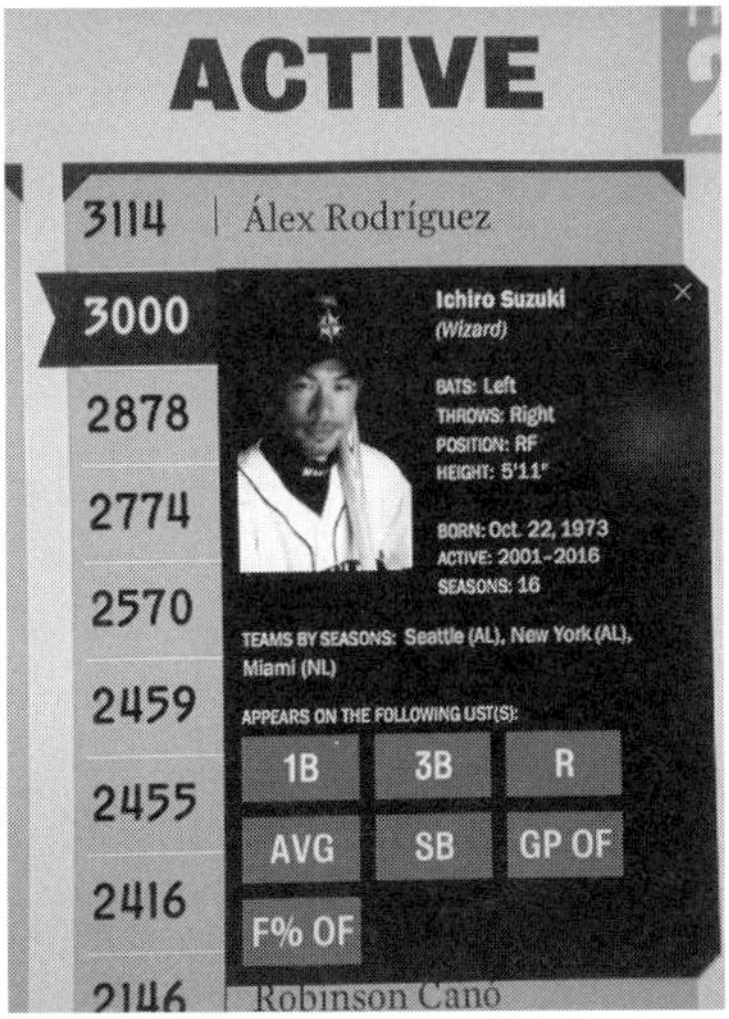

通算安打数3000という表示と写真

ところで。私は毎日「野球の殿堂」に通っていたわけだが、2日目にして既に一人の男性職員から声をかけられた。〝あなたは昨日も来てましたよね？〟。ナンデわかるんだ？　来場者は大勢いるのに。オレの容貌がヘンテコリンで目立つからか？　そんなことはどうでもイイか。私は答えた。〝ええ。イチローが３０００本安打を達成するまで毎日来ますよ〟。

私に気付いて声を掛けてくる職員の数が日に日に増えていった。10日目には職員のほぼ全員が気付いて声を掛けてくるようになっていた。

その10日目。入場カウンターで入場料を払うと（ちなみに大人は23ドルだが、トシいった私はシニアということで15ドル）、係のＳさん（30代と思しき、細身で凜々《りり》しい感じの女性）が言った。厳しい表情と厳しい口調で。〝あなたは毎日来てるじゃないの。明日、これまでの入場券を全部持って必ず私のところに来なさい。入会金無料でここの会員になれるように手配しておくから。会員になれば色々と特典があるのよ。たとえば入場料は……〟。

そして8月8日。Ｓさんは入場券10枚を持参した私を入会手続き所まで連れて行くと、すぐに入場カウンターの仕事に戻って行った。

私は帰り際、入場カウンターの椅子に座っているＳさんの後ろから〝Ｓさん！〟と声をかけた。振り向いたＳさんに会員証を見せながら〝手に入れたよ〟と言うと、Ｓさんはカウンターの囲い板から身を乗り出して握手を求めてきた。サイコーに素敵な笑顔で。

私は会員資格を維持し続け、定期的に「野球の殿堂」を訪れるつもりだ。

ヘレン・ケラーの故郷

ヘレン・ケラーと家庭教師のアン・サリバンを描いた米国映画『奇跡の人』（1962年）。ラスト10分に限れば私が一番好きな映画だ。何度観ても涙を堪《こら》えられないラスト10分。何度観ても人生と愛について考えさせられるラスト10分。

……井戸から出る水に手を触れた三重苦のヘレン・ケラーは、アン・サリバンの助けを借りてwater（水）という言葉を知ることになる。遂に言葉の存在に気付いたヘレン・ケラーは驚喜。いつも自分の周囲に存在していたのに気付かなかったものに初めて気付いたときの驚喜。

さて。2016年4月、米国でドライブ旅行をしていた私はアラバマ州タスカンビアに立ち寄った。人口8000人余の小さな市だ。当時のまま保存されているヘレン・ケラーの生家を訪ねると、受付係の白人のオバサンが言った。〝あなた、また来たの〟〝ここには何度でも来たくなるんですよ。今度が6度目かな〟。

オバサンとの会話を終えた私は庭に出た。井戸の実物を見るためだ。

井戸を見ながら人生と愛について10分ほど考えた私はタスカンビアから去るつもりだっ

た。他に用は何もなかったから。ところがメインストリートで車を走らせているときに初めて気付いた。〝たしかタスカンビアで生まれ育った有名な大リーガーがいたはずだ。誰だったっけ?〟。

メインストリートに面した市庁舎が目に入った。こういうことは市庁舎で訊けばすぐにわかるだろう。車を道路の端に駐め、市庁舎の中に気楽なノリで入って行った。

受付係の黒人のオネエサンに訊ねると〝そういう人はいません〟という返事。オレの記憶違いかなぁと思いながら市庁舎を出て車に向かっていると、後ろで〝チョット、あなた!〟という声がした。振り返ると、さきほどのオネエサンが市庁舎の前で私を手招きしている。オネエサンの横には人懐っこい笑顔の白人男性が立っていた。長身の老人だ。私が戻ると、オネエサンが言った。〝この方は市長です〟。えっ! ナンデここで市長が出てくんの? 驚いた私は思わず口走ってしまった。〝あなた、ホントに市長?〟。男性が笑顔のまま頷き〝君は日本から来たそうだね。私の部屋で話をしようじゃないか〟と誘ってくれたので、ホイホイついていった。

こうして、意外な展開で80歳のビリー・シューメイカー市長と市長室で話をすることになった。

私は話し好きだが、市長も話し好きだった。で、市長室での会話はヤケに弾んだ。話題がアッチャコッチャに飛びまくってから私が肝心なことを訊くと、市長はニコッとして答えた。〝いるよ〟。そしてスマホで電話をかけ始めた。〝やぁ、ノーマ。今、日本から大リーグの熱狂的ファンのジェントルマンが来ているんだ。ハイニー・マヌーシュの生家を見せてあげたいんだけど……〟。

そうだ、ハイニー・マヌーシュだ！　でも市長が話をしているノーマさんって誰？

ハイニー・マヌーシュ（1971年没、享年69）。1920～30年代に17年間にわたって大リーグで外野手として活躍した。17年間の通算打率が3割3分という名打者。アラバマ州出身で初めて「野球の殿堂」入りを果たした選手だ。

市長は〝それじゃ〟と言って電話を切った。ノーマさんはハイニー・マヌーシュの姪御さんで、所有しているハイニー・マヌーシュの生家を案内してくださるとのことだった。オレは大リーガーの名前がわかればイイと思っていただけなのに、こんな展開になっちゃうなんてラッキー！

30分後に家の前で待ち合わせということなので、再び市長と会話。私が〝ヘレン・ケラーの生家を訪ねるのが大好きなんですよ。たぶん今度が6度目〟と言うと、市長はジャケットの襟からバッジを外して見せてくれた。ヘレン・ケラーの肖像が描かれたタスカンビアのバッジだ。〝素敵ですね〟〝気に入った？〟〝えぇ〟〝君にあげるよ〟。こういうとき、

マヌーシュの記念碑と市長とノーマさん

私は遠慮なんかしない。

　さて。市長の車で出発。オレなんかのために公用車はマズイけど市長自身の車だからイイんだよな。80歳という高齢の市長の運転で大丈夫なのかと助手席に座った私は不安だったが、市長は運転が上手だった。

　家の前にハイニー・マヌーシュの記念碑が立っていた。記念撮影をしてからノーマさんの案内で家の中に入って行った。

　19世紀末に建てられた生家は改築・改装されているが、基本的には当時と殆ど変わっていないとのこと。立派な家だ。部屋数は6。当時の家具やドアもかなり残っている。

　ハイニーはマヌーシュ家の8人のお子

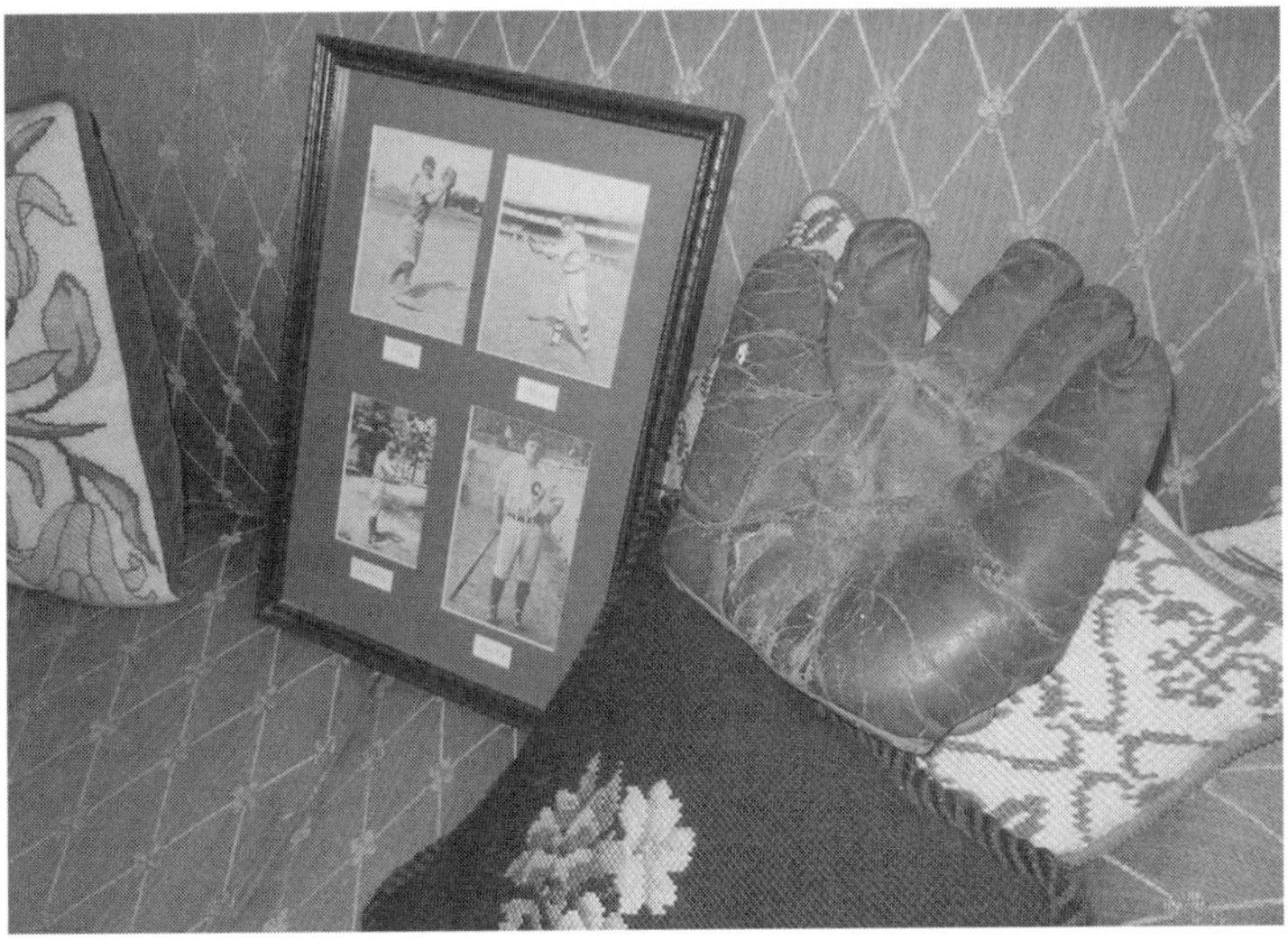
生家で見せてもらった写真とグラブ

さんの末っ子として1901年に誕生。兄たちも本格的に野球をやり、そのうちの一人（ハイニーより18歳年上のフランク）はハイニー同様に大リーガーとなっている。そうした兄弟たちの写真を見せて頂いた。ユニホーム姿の写真や当時のグラブも残っていた。

生家の見学を終えると、市長がタスカンビアを案内してくださった。小さな市で、ハイニー・マヌーシュの生家とヘレン・ケラーの生家はさほど離れていないのがすぐにわかる。

1880年生まれのヘレン・ケラーはハイニー・マヌーシュが生まれた1901年には既に大都会に出て世界的著名人となる道を歩み始めている。まったく別の道を進んだ同郷の二人が直接会うことはあったのだろうか？　もしあったとしたら二人は何を〝語り合った〟のだろう？　私の想像は膨らむばかりだった。

市庁舎に戻ると市長がスマホで奥さんに電話をかけたので、私も電話に出た。〝ハーイ！　あなたのハズバンドはとても素敵で親切な方ですね。米国の市長に対する私の考えはガラッと変わっちゃいましたよ〟。

私はニコッとした市長と固い握手を交わして別れた。

オハイオ州クリーブランド

〝米国の良心〟とか〝ここそが米国〟と呼ばれることもある米国中西部。その一角をなすオハイオ州。私が親近感を抱いている州だ。大リーグ球団が2つもあるし。さらに、宇宙飛行士がヤケに輩出しているし。私の女房は宇宙飛行を2回行っているが、2回とも乗組員仲間にオハイオ州出身の男がいた。そのうちの一人はオハイオ州のクリーブランド出身。というわけで、今回はオハイオ州クリーブランドについて。

クリーブランドには懐《ふところ》が深いというか愉快な人が多いみたい。女房の乗組員仲間もそうだった。大勢の前でエルビス・プレスリーの曲を威勢良く、しかもプレスリーのド派手な格好を真似て歌っていたし。

こういう気質は米国映画にも表れている。たとえばＮＦＬ（アメリカン・フットボールのプロリーグ）のドラフトの日を描いた『ドラフト・デイ』（２０１４年）。クリーブランドを本拠地としている実在球団を中心にストーリーが展開されるが、クリーブランドのラジオのアナウンサーがこんな風なことを言っている。「皆さん、私は〝クリーブランドの人〟という言葉の起源はバカげた希望をいつも抱いている人という意味のラテン語だと信じています。ここには素敵なものはスポーツ球団しかありません。これしか希望はないんです」。こんなこと言われてもクリーブランドの人たちは全然怒らないみたいなんですよ。

でも極め付きの米国映画は実在する大リーグ球団、クリーブランド・インディアンスを舞台にした『メジャーリーグ』（１９８９年）だろう。ずっと優勝できないクリーブランド・インディアンスをコケにしまくっているし、球団の女性オーナーにはこんな風なことまで言わせている。「私はクリーブランドが好きじゃないの。球場はボロボロだし、気候はヒドイし。本拠地を温暖なフロリダ州のマイアミに移したいわよ」。これでもクリーブランドの人たちも球団もまるっきり怒らないみたいですから凄いというか大したもんです。

そのクリーブランド・インディアンスが２０１６年のワールドシリーズで68年ぶりの制覇を目指して１０８年ぶりの制覇を目指すシカゴ・カブスと戦ったが、敗れてしまった。

選手たちの能力も監督の采配も素晴らしいのに敗れてしまったのは、懐が深く愉快なクリーブランドの人たちが普段のように行動しなかったからだと私は思っている……。

ワールドシリーズが始まる前、クリーブランドの一部の人たちが〝ワールドシリーズでチャーリー・シーンに始球式をやらせてあげて〟と言いだした。

チャーリー・シーンは前述の映画『メジャーリーグ』（１９８９年）に出演している男性俳優。この映画はクリーブランド・インディアンスを舞台にした実に面白いコメディだが、チャーリー・シーンは自動車泥棒の罪で入っていた刑務所から出所直後に入団し大活躍する投手を演じている。……この投手が登板する時に流れるテーマ曲『Wild Thing（イカしたワル）』はとても有名。本物の大リーガーたちの間でテーマ曲を持つのが流行する契機になったとも言われているくらいです。

クリーブランドの人たちが一致団結して〝チャーリー・シーンに始球式を〟と言えば球団も大リーグ機構も実現に向けて動いたかもしれないのに、一部の人たちにとどまったので実現しなかった。これがクリーブランド・インディアンスがワールドシリーズで敗れてしまった原因だと思う。チャーリー・シーンはワールドシリーズ最終戦をクリーブランドで観戦しましたけど、始球式をするのとは全然違いますからねぇ。

もちろん冗談です。でも、米国は私がビックリするくらいセカンド・チャンスを与える国だ。たとえば、ロン・ルフロアは強盗事件を起こして入っていた刑務所から出所後に大リーガーとして成功（「強盗犯を預かった人物」で紹介済み）。２０１６年にも、飲酒運転で轢き逃げ事件を起こして入っていた刑務所から出所したマット・ブッシュが大リーグでデビュー。

そして、オハイオ州は〝ここそが米国〟と呼ばれることもある米国中西部の一角をなす州だ。だったら自動車泥棒から大リーガーになった投手を演じ、自身もスキャンダルまみれで破産しちゃったチャーリー・シーンにワールドシリーズで始球式というセカンド・チャンスを与えてもよかったんじゃないですかねぇ。

ちなみにワールドシリーズ初戦で始球式をしたのは大リーグの元スター選手、ケニー・ロフトン。「野球の殿堂」入りができず恨み言めいたことを口にしたのを報じられたケニー・ロフトンへのセカンド・チャンスとは思わないけど。

ミネソタ州クリアーブルック

２０１６年５月。米国でドライブ旅行中だった私はミネソタ州クリアーブルック市を訪ねようと思っていた。ウェス・ウェストラムの故郷だから。

ウェストラムは１９４７年から11年間にわたってニューヨーク・ジャイアンツ（現在のサンフランシスコ・ジャイアンツ）で活躍した大リーガー。打撃はパッとしなかったが、守備で鳴らした捕手。現役引退後はジャイアンツとニューヨーク・メッツの２球団でコーチと監督を務めた。２００２年没。享年79。

クリアーブルックには「ウェス・ウェストラム博物館」がある。私はこの博物館を訪ねようと思っていたわけだ。でも、チョットした問題があった。クリアーブルックの位置。米国の道路網で最高レベルの州間高速道路から遠く離れているので、一般道をエッチラオッチラ行くしかない。そういうドライブが好きな私だが、行ってみたはイイが〝博物館は都合により開いておりません〟じゃたまんない。で、事前に博物館に問い合わせのメールを送ることにした。ところが、何度メールを送っても返事が来ない。そんじゃと電話をかけてみたが、何度かけても応答がない。一体どうなってんだ？

行こうかな、行くのはよそうかな。こういう迷いに直面したとき、私は結局は行ってしまう。

クリアーブルックは田舎の小さな市だった。すぐに博物館を探してみたが、いくら探しても見つからない。おいおい、勘弁してくれよ。開いているかどうかどころか存在するかどうかが問題なのか？　こういうときは市庁舎で訊くのが一番だ。

市庁舎の前にはパトカーが駐まっていた。何か事件でもあったんだろうか？　いや、市庁舎の前ならパトカーが駐まっていることもあるよな。私は中に入って行った。

市庁舎は平屋建てだが住民の皆さんのコミュニティセンターも兼ねていて、中のスペースはかなり広い。警察のオフィスもあった。

広い廊下を歩きながら職員の方を探していると、警察のオフィスから出てきた白人の若い男性警官が笑顔で声をかけてきた。〝何かご用ですか？〟。私が日本からの旅行者で「ウエス・ウェストラム博物館」を探していると言うと、警官は〝日本からわざわざ来たんですか〟と喜んでくれた。そして、こう続けた。〝でも博物館は数年前に火事で焼けてしまったんですよ〟。えっ！　そんなぁ……。

オレは遠路はるばるやって来たのにどうしてくれんだと思ったが、市庁舎の廊下の壁が博物館の代わりになっているとのことだった。あぁよかった。

博物館があったときより展示品は少なくなっているようだ。それでも博物館の代わりをきちんと果たしていると言ってイイだろう。ウェストラムの活躍を伝える新聞記事、写真、微笑ましい戯画などバラエティに富んだ品々が展示されている。

そうした展示品の中に、〝やっぱり、これが展示されているか〟と私が思ったものがある。米国の超有名なスポーツ誌『スポーツ・イラストレイテッド』（通称・スポイラ）の創刊号の表紙（を拡大したもの）だ。

スポイラ創刊号の表紙は、大観衆で埋め尽くされた球場で左打者が実に綺麗なスイング

市庁舎の前にはパトカーがとまっていた

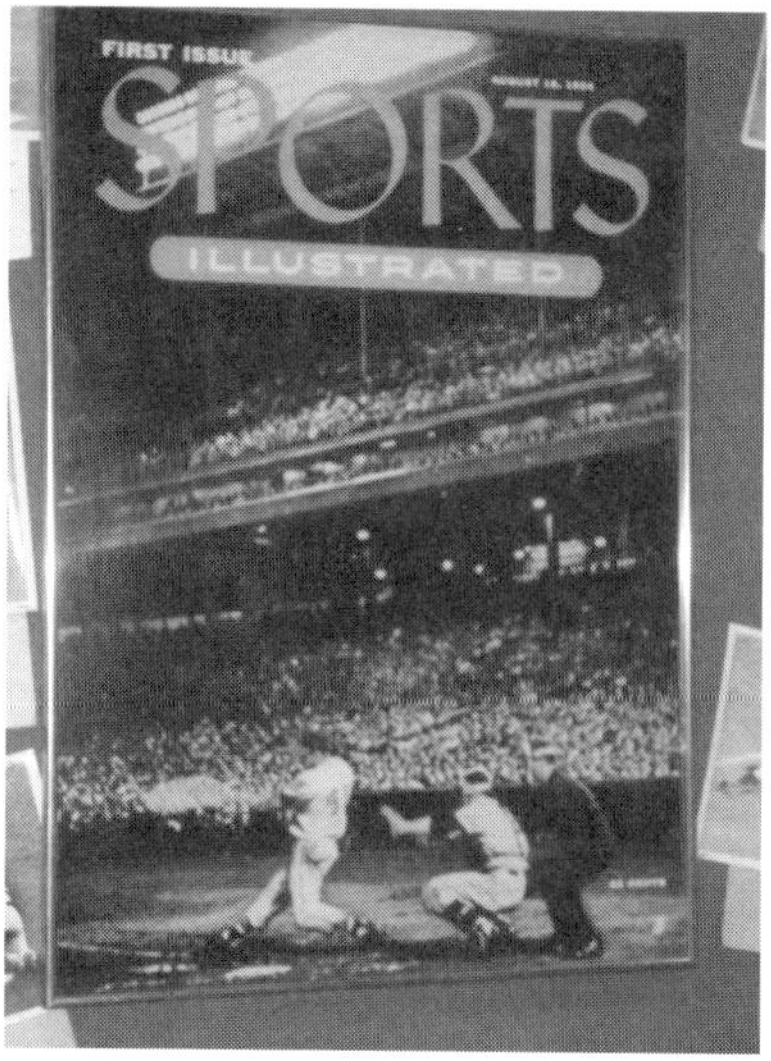

『スポーツ・イラストレイテッド』
創刊号の表紙の写真を拡大したもの

でボールを打った瞬間を捉えた写真を使っている。……ちなみに、表紙には1954年8月16日号で値段は25セントという記載もある。

さて。この左打者は通算本塁打512本で「野球の殿堂」入りも果たした名選手、エディ・マシューズ。スポイラ創刊の前年には本塁打王にもなっている。で、スポイラ創刊号の表紙を飾っているのはマシューズと考えるのが普通だろう。スポイラだってそのつもりだったのではないか。でも、米国ではスポイラ創刊号の表紙を飾ったのはマシューズとウェストラムと語り継ぐ人が多い。マシューズの後ろにいる捕手がウェストラムだから。それにしてはウェストラムの後ろにいるオギー・ドナテリ審判を語り継ぐ人が少ないのは不公平な感じがしないでもないけど。

それはともかく。生まれ育った小さな市に遺体も埋葬されている野球選手が多くの人に語り継がれているというのは心温まるイイ話だと思いませんか？

もう何も言うことはない

米国南部に位置するジョージア州の大都市アトランタは昔からコカ・コーラが誕生したところとして有名（今もコカ・コーラの本社はアトランタにある）。さらに『風と共に去りぬ』の舞台となったところとしても有名。……コカ・コーラと『風と共に去りぬ』を知らない人はいないだろう、どの国にも。

アトランタには大リーグ球団アトランタ・ブレーブスもあるが、これはどの国にも知らない人はいないとは言い難い。でも１９８０年にアトランタに新たに誕生した、どの国にも知らない人はいないものはブレーブスと関係がある。ニュースを専門に扱う世界初の放送局ＣＮＮ。

多くの人が〝ニュースを専門に放送するだって？　そんなことしたってダメに決まってるさ〟と言ったが、そんなことは意にも介さずＣＮＮを創業したのは当時ブレーブスのオーナーだった強気一点張りのテッド・ターナーなのだ。ＣＮＮを創業してジャーナリズム界に革命をもたらしたのが大リーグ球団のオーナーだなんて実に嬉しいじゃないですか。ちなみに、テッド・ターナーがブレーブスのオーナーだったのは１９７６年1月から１９９６年10月まで。

ところで。２０１６年までブレーブスの本拠地球場はテッド・ターナーに因んで名付けられた「ターナー・フィールド」だった。でも２０１７年から本拠地球場は新たに建設された球場に変わった。名前も変わって、「サントラスト・パーク」。

このことについてテッド・ターナー（本拠地球場が変わった時点で78歳）は何か文句を言いたいのではないか。たとえば〝ブレーブスの本拠地球場からオレの名前が消えるなんてけしからん〟とか。でも、文句を言っているという話は伝わってこない。

ここで紹介したいメチャクチャ面白い本がある。ジャネット・ロウ著『テッド・ターナーすすんで「嫌なヤツ」になれ！　CNN革命を起こした男の成功原則』（2000年、ダイヤモンド社、訳・中川美和子）。この本を読むと、強気一点張りのテッド・ターナーが度肝を抜くほどのオシャベリということがわかる。とにかく喋りまくっているのだ。そして、自分の墓に刻む言葉まで決めている。その言葉とは、〝もう何も言うことはない〟。テッド・ターナーは既に言いたいことは言い尽くし、〝もう何も言うことはない〟という境地に達しているのかもしれない。

新たなルールに名前をつけよう

日本と違って米国では法律に人名をつけて呼ぶことが多い。たとえば銃の販売規制に関する「ブレイディ法」。レーガン大統領暗殺未遂事件の際に銃で撃たれて重傷を負った報道官ジェームズ・ブレイディに因んで名付けられたものだ。

チョット風変わりな（？）例もある。米国の人気俳優トム・クルーズは婚約者が妊娠した際、超音波検査装置を購入して胎児を観察していた。これを知ったカリフォルニア州議会下院は、超音波検査装置の販売は有資格の医療関係者のみに限定して素人には販売してはならないという法を可決した。この法は「トム・クルーズ法」と呼ばれている。

　さて。現役大リーガーのバスター・ポージー（サンフランシスコ・ジャイアンツの捕手・一塁手）。トム・クルーズと顔のつくりが似ていて、さらに甘みと憂いを加えた感じのスター選手だ。２０１１年、捕手を務めていた試合で本塁に突入してきた走者と激突して大怪我を負った。これが契機となって大リーグは新たなルールを決め、２０１４年から採用することになった。本塁で捕手と走者が激突するのを禁止するルールだ。このルールが決まった時、私はすぐに思った。「トム・クルーズ法」に倣《なら》って「バスター・ポージー・ルール」と呼ぶことになればイイなと。バスター・ポージーはトム・クルーズと顔が似ているんだから。でも、そうはならなかったのでガッカリしてしまった。……大リーグって意外とオカタイんですね。

　ところで。２０１５年に大リーグの第10代コミッショナーに就任したロブ・マンフレッドは新たなことをヤケにやりたがっているようだ。大リーグ選手会から反対されて実現しなかったものもあるが、実現したものもある。たとえば敬遠四球の場合に〝敬遠します〟と申告すれば投手はボールを投げなくてもイイという新たなルール。投手が暴投するかもしれないという面白味がなくなってしまう実につまらないルールだ。こんなルールをナンデ決めたのか私には理解不能。……試合時間の短縮が目的らしいが、たしか敬遠四球は３

試合に1回くらいしかないから効果は殆どないと言ってもイイ。

この新ルールを「ロブ・マンフレッド・ルール」と呼ぶことにして、つまらないことをしたコミッショナーの名を後世に伝えればイイと私は思っているんだけど。

球場内の様子を変えた男

2016年の夏。私はメキシコ湾の近くを通るI－10（州間高速道路10号線）で車を走らせていた。広大なテキサス州を東に向かって。

やっとテキサス州を抜けて隣のルイジアナ州に入ったところでフッと思った。〝そうだ、イイ機会だから「ルイジアナ州スポーツ殿堂」を訪ねてみよう。大リーグの球場内の様子を変えた男の展示があるに違いないもんな。これまで訪ねてみようとしなかったなんて不思議だ〟。というわけで、I－10の途中でI－49に入り内陸部に向かって北上開始。そしてNatchitoches市に到着した。

人口2万人弱の市だ。ノースウェスタン州立大学のキャンパス内を走り抜けると、古風で小粋な旧市街に出た。狭いメインストリートの両側に並ぶ店のほぼすべてが独立記念日でもないのに大きな星条旗を掲げている。……これは米国では普通のことです。念のため。

旧市街の端っこにある「ルイジアナ州スポーツ殿堂」を目にした瞬間、チョット驚いた。旧市街の雰囲気とは全然違ってモダンな建物なのだ。でも、しばらく見ているうちに〝古風な旧市街の端っこにこういう建物があるのもけっこうイイかもね〟と思えてきた。

5ドル15セント払って入館したところで、まずは受付係の白人のオバサンに訊いてみた。〝この市の名前って、どう発音するんですか?〟。〝ナッカティッシュよ〟。〝ナッカティッシュ?〟。〝違うわよ。ナッカティッシュ〟。おいおい、だからナッカティッシュだろ? このオバサン、オレをおちょくってんの? いや、受付係の人がそんなことするわきゃないな。私は訊き直してみた。〝もっとゆっくり発音してみてくれません?〟。〝ナックアティッシュ〟。〝ナックアティッシュ?〟。〝イエス〟。〝そんじゃ、もう一度普通に発音してみてくれません?〟。〝ナッカティッシュ〟。〝ナッカティッシュ?〟。〝違うわよ。ナッカティッシュ〟。もうイイ、わかったよ。オレのヒアリングと発音の能力に問題があるってことなんだよね。

館内はヤケに静かだった。夏の観光シーズンだというのに見学者は数人しかいない。こんなんでやっていけるのかいなと心配になってきた。州がお金を出して、やっていけるようにしてくれているのか?

私は余計な心配をするのはやめて、野球の展示コーナーを探すことにした。

殿堂内には色々なスポーツの展示コーナーがあったが、野球に関しては2階に拍子抜けするくらい小さなコーナーがあるだけ。ガラスで被われた展示ケースの中に新聞記事やユニホームやバットが置いてある。もちろん、ルイジアナ州出身の名選手に関する簡単な履歴の掲示と写真の展示もある。たとえばメル・オット（1958年没。享年49）。通算本塁打511本の名選手だ。たとえばルー・ブロック（1939年生）。盗塁王8回、通算安打数3023の名選手だ。現役大リーガーの展示はまったくなかったが、そんなことは気にならなかった。肝心な男の展示があったから、それで充分。

ロン・ギドリー。1970年〜80年代にニューヨーク・ヤンキースで活躍した名投手。特に1978年の活躍は球史に残ると言ってもイイほど素晴らしいものだった。25勝をあげ、最多勝利数と最優秀防御率のタイトルを獲得。さらにサイ・ヤング賞（最優秀投手賞）も受賞。……ギドリーの背番号49はヤンキースの永久欠番となっている。

ところで。米国の著名なジャーナリスト、スコット・ピトニアックの『ヤンキー・スタジアム物語』（2008年、早川書房、訳・松井みどり）の中に私が〝へぇ、そうだったのか〟と思った記述がある。1978年6月17日の試合に先発登板したギドリーについての記述だ。〝18奪三振というチーム記録をうちたて、4－0でチームを勝利に導いた。ヤンキースのピッチャーがツーストライクをとったらファンが手拍子をとる、というヤンキー・スタジアムの伝統は、この試合から始まった〟。

ルイジアナ州スポーツ殿堂

展示されていたロン・ギドリーの
白黒写真

今は大リーグのどの球場でも投手がツーストライクをとると奪三振を期待したファンの手拍子の音が鳴り響くというのが定着している。これはギドリーがヤンキー・スタジアムで巻き起こしたことが全米の球場に影響を与えたからなのか？

「ルイジアナ州スポーツ殿堂」の展示はカラー写真が圧倒的に多いのに、ギドリーの写真は白黒だった。それが私は気に入った。いつも寡黙だったギドリーにはカラー写真より白黒写真のほうが似合っていると何となく思えたから。

素敵なリケジョの案内で

ここ十数年、私は米国に出かけると田舎でドライブばかりして大都会に滞在するということがなかった。でも２０１７年の夏、実に久しぶりにニューヨークに10日間滞在した。では、そんな柄にもないことをする気になったのは何故なのか？　素敵な女性と会うことも理由のひとつ。

ニューヨークに到着した翌日、その素敵な女性と食事をした。

篠崎彩香さん。日本で中学校を卒業した後、ボストン近郊の名門高校に進学するために単身渡米。高校を卒業後はニューヨークのマンハッタンにキャンパスがある米国有数の名門大学、コロンビア大学に進学。アインシュタインの相対性理論にハマッて俄然興味を持つようになった物理学を専攻し、２０１７年夏に卒業。秋から英国に渡ってケンブリッジ大学で研究をすることになっていた。

このリケジョが中学生の頃から私は知っている。友人の娘さんなのだ。で、今でも中学生の頃と同じく〝あやかちゃん〟と呼んでいる。

ところで、あやかちゃんと楽しい食事をしながら打ち合わせをした。コロンビア大学のキャンパス見学の打ち合わせ。あやかちゃんは渡英前で忙しいにもかかわらず私のためにキャンパスを案内してくれることになっていたのだ。４日後の午前11時にコロンビア大学の正門で待ち合わせと決めた直後、あやかちゃんがニコニコしながら言った。〝ルー・ゲーリッグに関係した場所も案内しますからね〟。〝ホント!?〟。〝ええ〟。〝そりゃ嬉しいなあ〟。

ゲーリッグはコロンビア大学で学んだ後にニューヨーク・ヤンキースに入団して大活躍した大リーガーだ。打撃三冠王になったこともある。２１３０試合連続出場という凄い記録を達成するほど身体が丈夫だったのに、難病の筋萎縮性側索硬化症に罹患して１９４１年に37歳で死去したのは有名。人柄が素晴らしい男だったことも。ゲーリッグの波瀾万丈の生涯は映画にもなっている。『打撃王』（１９４２年）。

さて、４日後。私は待ち合わせ時刻より20分ほど早く着いた。コロンビア大学の正門に

名門コロンビア大学の正門

はPULITZERと刻まれていた。ピュリツァー賞で有名なピュリツァーのことだ。このピュリツァーとゲーリッグには〝奇妙な因縁〟があると教えられることになるとは知らずに私はあやかちゃんが来るのを待っていた。

あやかちゃんにコロンビア大学のキャンパスを案内してもらった私は、図書館の多さにビックリ。アッチャコッチャに図書館がある感じがするくらいなのだ。IT時代の今でも図書館の存在意義を微塵も疑わない私は、〝これが米国の名門大学の凄いところだなぁ〟と思った。

メインの図書館、「バトラー図書館」の中は圧巻だった。学生たちが勉強するための部屋がメチャクチャ多く用意されているし、内装は格調高いし、蔵書の量は凄いし。

「バトラー図書館」の正面には「South Field」という広いスペースがあった。コロンビア大学の学生たちがスポーツをするためのフィールドだ。今は整備工事中で中には入れないが、あやかちゃんがフィールドのそばに立って意外なことを言った。〝このフィールドでルー・ゲーリッグが打った本塁打は伝説になっているんですよ〟。

あやかちゃんはビルを指差しながら続けた。〝打球はあのビルに当たって跳ねたんです〟。次に、「バトラー図書館」とは反対側にある図書館を指差した。〝そして、あの図書館のほうまで飛んで行ったんです〟。

あやかちゃんが最初に指差した〝あのビル〟とは、ジョセフ・ピュリツァーの遺志・寄付によって創設されたコロンビア大学ジャーナリズム大学院のビル。ちなみに有名なピュリツァー賞もジョセフ・ピュリツァーの遺志・寄付によって創設されたもので、ジャーナリズム大学院が運営している。そのジャーナリズム大学院のビルの中もあやかちゃんに案内してもらった。

私は、これからピュリツァー賞を受賞した本を読むときはいつもゲーリッグの伝説の本塁打を思い出すに違いない。

キャンパスの一角に民家風の建物が並んでいた。入り口にギリシャ文字を3文字掲げている建物が多い。あやかちゃんが言った。〝ここにゲーリッグが所属していたクラブの建物もあったんですけど、残念ながら今は取り壊されて違う建物になってしまっているんです〟。私はすぐに『打撃王』の或るシーンを思い浮かべながら〝ここにあったのか〟と感無量になった……。

何のことだかサッパリわからない方が多いと思うので説明しておきます。ただし、ごく簡単に。

米国の大学には、学生たちが親睦・結束を深めながら社会奉仕活動などをする組織がある（社交クラブとか友愛会といった日本語に訳される）。組織の名称は3文字のギリシャ文字で表されることが多い。ゲーリッグもコロンビア大学でΦΔΘ（ファイ・デルタ・シータ）というクラブに入会していた。ちなみに、どういうわけか映画『打撃王』ではΣAΨ（シグマ・アルファ・プサイ）という架空の名称になっている。

その『打撃王』によると、ゲーリッグの入会を認めるにあたっては会員たちの間で白熱の議論があったようだ。ゲーリッグは他の会員たちとは違って経済的に恵まれない家庭で生まれ育った男だったから。

今、大リーグ機構公認の「ルー・ゲーリッグ賞」という賞がある。人柄が優れた大リーガーを毎年一人選んで贈る賞だが、ΦΔΘが会員だったゲーリッグに敬意を表して創設したものだ。……色々と考えさせられますね。

ジャーナリズム大学院のビルを
指差す篠崎彩香さん

ゲーリッグが入会していた
クラブの建物があった場所
の前に立つ篠崎彩香さん

ノルウェーという名の街

米国にはパリやロンドンという名の街がある。しかも幾つも。エッフェル塔まで立っているパリという名の街さえ幾つかある。

これだけでもビックリだが、米国はこんなレベルで終わる国ではない。他の国の名と同じ名が付けられた街までかなりあるのだ。開拓者の出身国の名を付けたという街が多いが、そうではない街もある。私が実際に行ったことがある街の中から3例だけ挙げておこう。①気候がイタリアと似ているようだからと名付けたらしいテキサス州のイタリア(Italy)。②オスマン帝国から独立しようと戦ったギリシャに共感したので名付けたらしいニューヨーク州のギリシャ（Greece)。

③はレバノン（Lebanon）だが、私が行ったことがあるレバノンという名の街はヤケに多い。そこいらじゅうにあるという感じ。実は、他の国の名と同じ名が付けられた米国の街で一番多いのはレバノンなのだ（と思う)。どうしてなんだろうと不思議に思われる方が多いでしょうから簡単に説明しておきます。

米国は移民の国だが、初期の移民の皆さんは信仰心の篤いキリスト教徒だった。で、開拓した街に聖書を参考にしてレバノンという名を付けることが多かった。聖書にはレバノン杉（Cedars of Lebanon）という言葉が頻繁に出てくるからだ（私は数えたことはないが、100回以上出てくると言っている人もいる）。つまり、今のレバノンという国とは直接の関係はない（と思う）。

ちなみに米国本土の地理的中心地点（緯度と経度から〝ここが米国本土の中心〟とピンポイントで認定されている地点）はカンザス州のレバノンという殺風景な小さな街にある。ここに私は何度も行ったことがあるが、行く度に驚いている。このレバノンという地名も聖書のレバノン杉に由来しているのだが、それを知らない近隣の住民の方がけっこういるのだ。……だから住民の皆さんは信仰心がないと言いたいわけではありません。念のため。

ところで、米国にはノルウェーという名の街もある。しかも幾つも。

2017年5月。米国でドライブ旅行をしていた私がそのうちの一つを訪ねようと幹線道路を走っていると、〝ここで右折すればノルウェーまで4マイル（約6・5キロ）〟という標識が見えてきた。私は右折した。そして、野球で〝奇跡〟を起こした街へと向かって行った。

アイオワ州のノルウェー。〝欧州のノルウェー〟から移住してきたオスマン・タトルという人物が19世紀にこの街の基礎を築いて故国の名を付けたのだが、その名が変更されずにズッと続いて今に至っている。

小さな街だ。ホントに小さな街。なにしろ人口は600人足らずだ。東西南北、どの方向に車を走らせても5分ほどで街を通り過ぎてしまう。ゆっくり走らせてもだ。もちろん、マクドナルドもスターバックスもない。街で一番の目抜き通りは寂れた感じでパッとしない。

その目抜き通りに面して「ノルウェーのアイオワ野球博物館（Iowa baseball museum of Norway）」がある。大袈裟な名の博物館と思われるでしょうね。一応〝ノルウェーの〟ということにしてますけど、こんな小さな街の博物館にアイオワ州の野球を代表するような名を付けたりしてイイのかいなと思うのが普通ですから。でもイイんです。野球で〝奇跡〟を起こした街なので。

実は、この小さな街からプロ野球選手が13人も誕生しているのだ。大リーガーが3人、マイナーリーガーが10人。単位人口あたりでは米国でプロ野球選手が一番多く輩出した街と言ってもイイかもしれない。では、そんな〝奇跡〟が起こったのには何か理由があるのか？　それを知るには博物館を訪ねるのが一番。

博物館はさほど大きくない、平屋建てと2階建ての中間みたいな建物。私がドアを開けると、椅子に座ってパソコンを操作していた男性が振り向いた。管理人を務める中年の白人男性だ。私を見てビックリしたようで、目を剝《む》いている。私が〝ハーイ！　私のこと憶えてます？〟と声をかけると、男性はニコッとして答えた。〝もちろん君のことは憶えているよ。また来たんだね〟。〝2年前に来た私のことを憶えていてくれたなんて嬉しいなぁ〟。私たちは握手を交わした。

私のことを憶えていてくれた管理人のオジサンは2年前と同じようにニコニコしながら言った。〝昔からこの街の住民は野球が大好きなんだよ。とにかく野球に夢中なんだ〟。

館内を見て回れば、住民の方々の野球好きを反映した素晴らしい歴史がわかる。それは、この街の「ノルウェー高校」が成し遂げたこと。

「ノルウェー高校」の野球部はアイオワ州の州大会で20回も優勝している。……広大な米国では日本のような全国高校野球選手権大会は開催されないので、高校の野球部の目標は州大会での優勝となる。

館内の展示品の多くが「ノルウェー高校」の野球部の歴史と活躍ぶりを伝えるものだが、陳列ケースの中に整然と並べられた州大会優勝の盾やトロフィーは圧巻。

この街が生んだプロ野球選手の殆どがノルウェー高校野球部出身。もちろん3人の大リーガーも。ハル・トロスキー（1936年のアメリカン・リーグで打点王に輝いた一塁手）、マイク・ボディッカー（1984年のアメリカン・リーグで最多勝と最優秀防御率

ノルウェーまで4マイルという標識

ノルウェーのアイオワ野球博物館

に輝いた投手)、ブルース・キム(大リーグで4年プレーした捕手)。この3人に関しては館内に個別のスペースが用意され、充実した展示が行われている。

　私は2年前と同じように展示物をジックリ見て、管理人のオジサンと野球談議をしながら旧交を温めてから外に出た。そして、車をゆっくり走らせ街の端にある野球場に向かった。


　実は、「ノルウェー高校」はもう存在しない。1991年を最後に近隣の大きな学区の高校に吸収合併されたのだ。校舎は壊され跡形もない。でも野球部が練習に励み試合もした野球場は改装されて残っている。……このことからも住民の方々にとって野球が如何に大切かわかる。

　野球場をジッと見つめながら私は考えていた。……閉校直前の「ノルウェー高校」の野球部が最後のシーズンも州大会優勝を目指した様子は『The Final Season(最後のシーズン)』(2007年)という映画になっている。オレは米国で観て感動したけど、日本では未公開だしDVDもブルーレイも発売されていない。高校野球が盛んな日本なのにどうしてなんだろう? この映画の宣伝文句を知っただけでも胸躍るのに。〝住民586、在校生100、野球部員14、残された機会1〟。

　さらに考えていた。……この街と同じアイオワ州にあるダイアーズビルという街には映

州大会優勝の盾やトロフィー

ノルウェー高校が使用した野球場

画『フィールド・オブ・ドリームス（夢の球場）』（１９８９年）の撮影のために造られた野球場が残っていて、大勢の観光客が訪れる有名な観光スポットになっている。でもダイアーズビルから車で2時間ほどしかかからないこの野球場には一昨年と同じようにオレしかいない。あちらはフィクションの〝夢の球場〟で、こちらは本物の〝夢を実現させた球場〟なのに。他の人たちがどうあれ、オレは何度でもここに来よう。

ハドソン川の奇跡

２００９年1月15日午後3時26分、ニューヨークのラガーディア空港からＵＳエアウェイズ１５４９便が離陸した。乗客乗員１５５名を乗せて。ところが離陸してまもなく、まだ高度８５０メートルという低空を飛行中にバードストライクで左右両方のエンジンの推力が完全に失われてしまった。もちろん飛行続行は不可能だし、旋回してラガーディア空港に戻るには高度が足りない。戻ろうとしたりしたらニューヨークの市街地に墜落してしまう。絶体絶命のピンチだが、経験豊富で優秀な機長は冷静だった。そして決断を下した。後に絶賛されることになる、ニューヨークとニュージャージー州の間を流れるハドソン川に不時着水するという決断。機長が不時着水を見事に成功させると、ニューヨーク市警の潜水班やハドソン川で就航している民間フェリーなどが現場に駆けつけ乗客乗員すべてを救出した。

　この実際にあった出来事を基に製作された米国映画『ハドソン川の奇跡』（2016年）を観ていた私は思わず〝オーッ！〟と声をあげた。ハドソン川の現場に駆けつけた7隻のフェリーの一隻に私の人生を決めたと言ってもイイ男の名前が付けられていたからだ。「ヨギ・ベラ号」。……1955年に来日したニューヨーク・ヤンキースの試合をナマ観戦した8歳の私は生涯にわたって大リーグに興味を持つようになったのだが、そのヤンキースの来日メンバーの中に大リーグの歴史で燦然《さんぜん》と輝き続ける名捕手ヨギ・ベラ（2015年没、享年90）がいた。

　ところで、この映画の脚本の素晴らしさは半端ではない。そういう映画に実在しないフェリーが出てくるはずがない。でも念のためにインターネットで調べてみると、やっぱり実在していた。

　2017年の夏。私は久しぶりにニューヨークを訪ねたが、一番の目的は「ヨギ・ベラ号」に乗ることだった。ここで、〝乗ることに何の意味があるんだよ〟とケチをつける人がいるに違いない。そういうケチには〝意味なんてないよ。でも乗りたいんだよ〟としか答えようがない。

　さて。ニューヨークに到着した私は、「ヨギ・ベラ号」を保有している「NY

WATERWAY」という会社に電話をかけた。「ヨギ・ベラ号」に乗るためには何時にどこに行けばイイのか教えてもらうために。電話に出た方は実に親切に教えてくれたのだが……。

午後1時半に桟橋79に行ってチケットを購入した後、チケット売り場のそばにいる案内係の白人のオネエサンと雑談しながら待つことにした。〝オレは日本から来た観光客なんだけど、フェリーを利用する人が意外と少ないんで驚いちゃった〟。オネエサンはニコニコしながら応対してくれた。〝フェリーを利用するのは通勤のためという人が多いから、この時間帯は少ないの。朝と夕方はかなり込むのよ〟。ところが私が大リーグの熱狂的ファンで「ヨギ・ベラ号」に乗るためにチケットを買ったと話すと、オネエサンは〝チョット待って〟と言って真剣にパソコンを操作し始めた。ナンダ？　何をしてんだ？　操作を終えたオネエサンは申し訳なさそうな表情を浮かべながら説明してくれた。

フェリーの全路線の運航は予定時刻どおりに行われるが、各路線で就航するフェリーは変更されることがある。きょうの「ヨギ・ベラ号」の就航路線も変更されてしまった。でも桟橋11に行って3時半出発のフェリーで対岸のニュージャージー州の街に行けば、その街から4時3分に出発する「ヨギ・ベラ号」で桟橋11に戻れるとのことだった。

私は桟橋79からエラク離れた桟橋11までタクシーで急行し、3時半出発のフェリーに乗った。ところがニュージャージー州の街に着いてみると、4時3分発のフェリーは「ヨギ・ベラ号」ではなかった。う〜ん、また変更されちゃったわけか。でも、こんなことくらいでオレは諦めたりしないぜ。こうなったら、とことんやってやろうじゃん。

その街からニューヨークへの路線は3つ。その3つの路線すべての最終便まで待てば「ヨギ・ベラ号」が来るかもしれない。私は深夜1時過ぎまで待つ覚悟を決めた。でも20分ほど待っただけで〝奇跡〟が起こった。身なりのイイ中年男性が私に声をかけてきたのだ。〝もうすぐニューヨークに向かう「ヨギ・ベラ号」が来ます。今度は間違いありません。あなたはチケットなしで構いません〟。その男性はフェリー会社の幹部だった。オネエサンから私の事情と風貌について連絡を受け、わざわざ来てくれたのだ。〝ありがとうございます。でも、私はニューヨーク行きの3路線すべてのチケットを買って待っていましたから。もうすぐ来る「ヨギ・ベラ号」はどの路線ですか？〟。……男性と私は別れ際、目と目で互いに〝オヌシ、やるな〟と伝え合った。

最後に余談。知名度抜群の大統領の名が付けられたフェリーも就航していた。初代ジョージ・ワシントン、第3代トーマス・ジェファーソン、第16代エイブラハム・リンカーン。こうした人物とヨギ・ベラが同等の扱いを受けているわけですから、米国における大リーグの存在感のレベルがわかりますね。

桟橋79の様子

ハドソン川のヨギ・ベラ号

忘れがたい人物の博物館

前回、ニューヨークとニュージャージー州の間を流れるハドソン川で就航しているフェリーの一隻にニューヨーク・ヤンキースで活躍した名捕手ヨギ・ベラの名が付けられていることを書いた。

ところで。ヤンキースで活躍した有名選手はヨギ・ベラ以外にもいる。たとえばベーブ・ルース、ルー・ゲーリッグ、ジョー・ディマジオ、ミッキー・マントル。では、どうしてヨギ・ベラだけがニューヨークとニュージャージー州の間を流れるハドソン川で就航しているフェリーに名が付けられているのか？

実は、ヨギ・ベラはニューヨークだけではなくニュージャージー州とも深い縁がある。長きにわたってニュージャージー州のモントクレアという街で暮らしていたのだ。そこからヤンキー・スタジアムまで通っていた時期もある。こういう男はヨギ・ベラだけ（だと思う）。

さて、2017年の夏。「ヨギ・ベラ号」に乗るためにニューヨークを訪ねた私はモントクレアにも行ってきた。州立モントクレア大学のキャンパス内にヨギ・ベラを記念した

ガラスの外壁が魅力的な博物館

この写真の説明文が問題なのだが……

博物館（正式名称は「ヨギ・ベラ博物館・学習センター」）があるから。ヨギ・ベラはどこの大学でも学んでいないが、そういう男のためにも米国の大学はこういうことをするのだ。

キャンパスは緑に溢れて美しく、博物館はガラスの外壁がとても魅力的な建物だった。開館の12時まで1時間以上もあったのでコーヒーでも飲もうと大学のカフェテリアに入ってみると、ビックリ仰天するほど豊富なメニューが揃ったビュッフェ形式になっているではないか。で、早めの昼食を摂ることにした。

腹一杯食べてから博物館に戻り、入場料5ドルを払って中に入って行った。まさか失望することになるとは知らずに……。

博物館の展示物はヨギ・ベラの活躍を伝える写真など素晴らしいものばかりだった。日本人の私が思わずニコニコしてしまうものまで展示してくれていた。ヨギ・ベラが〝江戸前〟と書かれた半纏を着て息子さん2人と談笑している写真だ。

でも、この写真に添えられた説明文を読んだ私は〝アレ?〟と思った。〝1954年のシーズン終了後の日本への親善旅行から帰国したヨギ・ベラは息子2人と充実した一時を過ごした〟という説明文。

ヨギ・ベラは1955年に来日して私を魅了したが、1953年にも来日して日本の野球ファンの前でプレーしている。しかし1954年には来日していないと思う。それとも私が知らないだけで1954年にも来日しているのだろうか？

日本に戻った私は調べまくった。インターネットを駆使して。さらに、米国人のCarlo DeVitoが2008年に出版したヨギ・ベラの詳細な伝記（邦訳なし）も読み返してみた。1954年にも来日したという記述を見つけることはできなかった。

私は博物館にファックスを送った（ちなみに、メールは受けつけていなかった）。〝ヨギ・ベラは私にとって忘れがたい人物なのですが、ホントに1954年にも来日しているのでしょうか？　私は来日していないと思うのですが〟といったことを丁重に書いて。ファックスは2回送ったが、2回とも返事は来なかった。

私は失望すると同時に考えこんでしまった。〝博物館は学習センターも兼ねているのに、どうしてオレの学習意欲に応えてくれないんだろう。オレのファックスの文面に何か失礼な点でもあったのかなぁ〟。

もしヨギ・ベラが1954年にも来日していることを御存知の方がいらっしゃったら教えてください。お願いします。

エピローグ　ジョー・ブラックを、もう一度よろしく

私は米国に出かけたときはいつも最後の一日を本屋さんと古本屋さんに入り浸って過ごす。どんなジャンルのものでもイイから気に入った本があれば購入したいから。

２０１７年５月。米国に出かけていた私は古本屋さんで Steven Michael Selzer 著『Meet the Real Joe Black』を見つけてビックリ。この本の存在をオレがこれまで知らなかったなんて！

私がビックリした理由は、この連載の第１回のコラム（２００７年４月２日です）と関係している。

では、そのコラムの内容を簡単に。

ブラッド・ピット主演の米国映画『ジョー・ブラックをよろしく』（１９９８年）から話を始めた。主人公と同じ名前のジョー・ブラックという大リーガーについて語るシーンがあるのだが、その大リーガーが１９５２年のワールドシリーズ初戦で勝利投手となったことには言及していない。この勝利がワールドシリーズで黒人が勝利投手となった最初なのに。で、コラムのタイトルは映画のタイトルをもじって〝ジョー・ブラックを、もう一

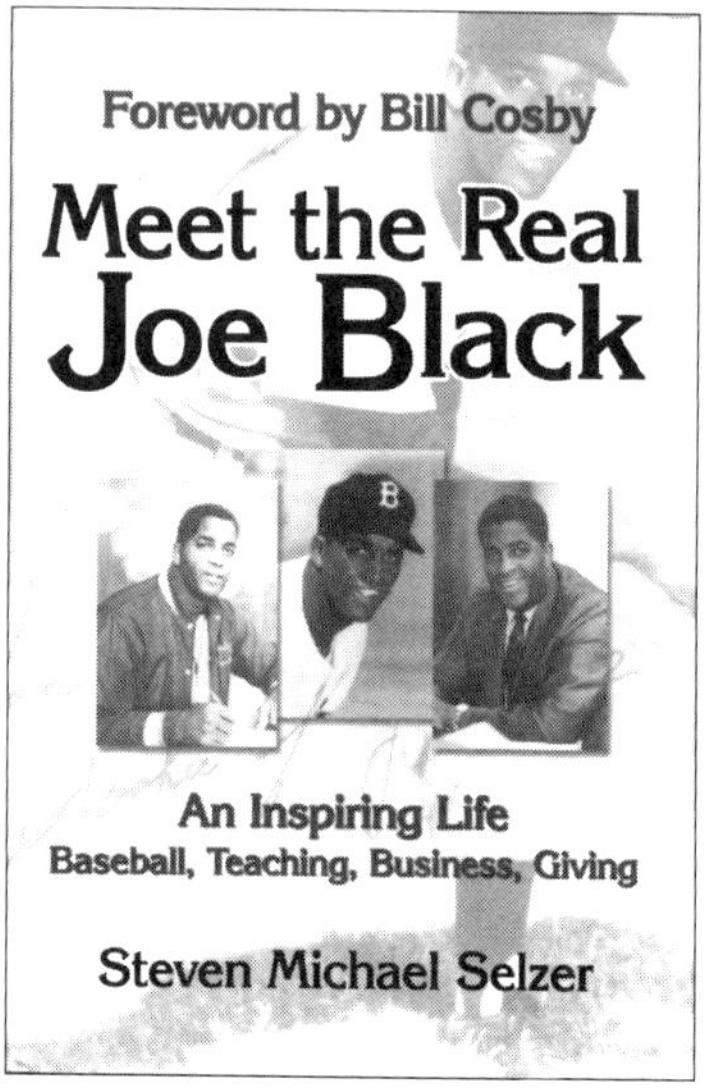

度よろしく〃とした。

ところで。映画『ジョー・ブラックをよろしく』の英語原題は『Meet Joe Black』。私が古本屋さんで見つけた『Meet the Real Joe Black』は黒人大リーガー、ジョー・ブラックの伝記。つまり、伝記のタイトルも映画のタイトルをもじっているのだ。映画の邦題風に訳すと『実在したジョー・ブラックをよろしく』となる。これで私がビックリした理由がおわかり頂けるだろう。

さて。この伝記を読んだ私は、もう一度ビックリ。ジョー・ブラックは野球界から引退後、公立学校（生まれ故郷の公立中学校）でフルタイムの教師になっているのだ（こういう大リーガーは他には一人もいないらしい！）。教師生活の後、ビジネスマンとしても成功している。黒人としては最初にワールドシリーズで勝利投手となって歴史に名を残している男は2002年に78歳で亡くなるまで周囲から尊敬される素晴らしい人生を送ったようだ。

最後にどうしても言っておきたいことがある。大リーガーのジョー・ブラックについて語る際に映画のタイトルをもじるというアイデアを思い付いたのは私と伝記のどっちが先なのかということ。私です。この欄の第1回は２００７年で、伝記の出版は２０１０年ですから。そんなことはどうでもイイ？　いやいや、何であれ最初というのは大事です。

本書は朝日新聞連載「大リーグが大好き！」2007年4月〜2018年4月掲載分をもとに再構成したものです。

一部、朝日新聞出版より2012年に出版された単行本『米国の光と影と、どうでもイイ話』と重複する内容があります。

向井万起男（むかい・まきお）

1947年、東京都生まれ。慶應義塾大学医学部卒業。慶應義塾大学医学部准教授、病理診断部部長を務めた。
妻は宇宙飛行士の向井千秋さん。千秋さんとのエピソードを綴った『君について行こう　女房は宇宙をめざした』『続・君について行こう　女房が宇宙を飛んだ』（以上、講談社）がベストセラーに。2009年、『謎の1セント硬貨　真実は細部に宿る in USA』（講談社）で第25回講談社エッセイ賞を受賞した。著書に『ハードボイルドに生きるのだ』『渡る世間は「数字」だらけ』『無名の女たち　私の心に響いた24人』（以上、講談社）『米国の光と影と、どうでもイイ話』（朝日新聞出版）など。

人《ひと》に言《い》いたくなる
アメリカと野《や》球《きゅう》の「ちょっとイイ話《はなし》」

二〇一八年六月五日　第一刷発行

著者　向井《むかい》万《ま》起《き》男《お》

発行者　渡瀬昌彦
発行所　株式会社　講談社
〒一一二―八〇〇一
東京都文京区音羽二―一二―二一
電話　編集（〇三）五三九五―三五二二
販売（〇三）五三九五―四四一五
業務（〇三）五三九五―三六一五

本文データ制作　講談社デジタル製作
印刷所　豊国印刷株式会社
製本所　株式会社国宝社

定価はカバーに表示してあります。　ISBN978-4-06-511936-5